Renuévate

CRISTINA SORIA

Renuévate

Cómo encajar las piezas de tu nueva vida

ESPASA

Espasa es un sello editorial de Editorial Planeta, S. A.
Avda. Diagonal, 662-664
08034 Barcelona

Diseño de interior: María Pitironte
Ilustraciones de interior: © Shutterstock

Preimpresión: Safekat, S. L.

Depósito legal: B. 13.197-2021
ISBN: 978-84-670-6339-4

Espasa, en su deseo de mejorar sus publicaciones, agradecerá cualquier sugerencia que los lectores hagan al departamento editorial por correo electrónico: sugerencias@espasa.es.

www.espasa.com
www.planetadelibros.com

Impreso en España/*Printed in Spain*
Impresión: Huertas, S. A.

El papel utilizado para la impresión de este libro está calificado como **papel ecológico** y procede de bosques gestionados de **manera sostenible**

Índice

Lo que nunca nos dijeron

Son aproximadamente las once de la mañana. Es domingo. No he dormido mucho, me he levantado sobresaltada. Me dirijo al salón y enciendo mi teléfono móvil. Justo en ese momento entra una llamada:

—Cris, mi padre ha fallecido esta madrugada. ¿Se lo dices al tuyo?

Casi sin poder abrir los ojos, siento una tremenda punzada en el estómago. Me dirijo a mi habitación y rompo a llorar. Me parece que me falta el aire para respirar. Tengo que sentarme en la cama y en mi cabeza se repiten una y otra vez las mismas preguntas: «¿Cómo es posible? ¿Cómo le digo a mi padre, que está a más de trescientos kilómetros, que su hermano acaba de morir por la COVID-19?».

Las llamadas de teléfono a mi madre y mi hermana, a mis primos y a mis sobrinos se suceden. Les ofrezco todo mi apoyo e intento compartir el dolor. Se sienten aún más rotos que yo: han perdido a un marido, a un padre y a un abuelo.

Después de los abrazos, los llantos y las palabras de acompañamiento, llega el sentimiento de culpa... y, después, el silencio.

Los Soria no somos de decirnos «te quiero»; somos más de demostrarlo. Ahora sé que mi tío no volverá a reñirme porque me he olvidado de felicitarle por su cumpleaños, y también sé que faltará en las reuniones familiares en las que, sentados todos juntos a la mesa, tanto nos gusta disfrutar de una buena botella de vino y de un suculento plato de jamón y queso. Ya no escucharé más su insistente «come más, no dejes eso»... De un plumazo, todo eso ha desaparecido. Y entonces me doy cuenta de que otras ochocientas familias españolas están soportando el mismo dolor que la mía. Por desgracia, mañana también sucederá. En ese instante, el dolor que siento se transforma en una rabia irracional, una rabia que es necesaria porque da la energía suficiente para seguir adelante.

Nadie nos ha enseñado a gestionar la muerte como una parte más de la vida. Por desgracia, durante la pandemia de la COVID-19 los duelos son más antinaturales, ya que no podemos acompañar a los seres queridos que se marchan ni hacer una despedida con amigos y familiares, y recordar con ellos los buenos momentos.

Belén Tarrat y Araceli Galindo son dos psicólogas que llevan trabajando el duelo desde hace años. Especialmente, el acompañamiento de las familias cuando pierden a un hijo. Coincidiendo con el inicio de la pandemia, crearon un proyecto que llamaron **VIDA Y PÉRDIDA,** dirigido a apoyar, sensibilizar y educar a las personas que han sufrido una pérdida a trabajar el duelo. En definitiva, se trata de **educación en la muerte.**

Tal y como ellas mismas me explicaron, en el proyecto «hay una parte de apoyo que trabajamos en grupo y que es de gran ayuda». Realizan actividades como los «abrazos en el aire», que empezaron a practicar durante la pandemia y que, en sus propias palabras, sirven de «apoyo a las personas que perdieron a seres queridos, en esa situación tan extraña. Los abrazos en el aire son todos esos abrazos que en ese momento no nos podíamos dar». Además, ofrecen formación, colaboran en distintos medios y han escrito una guía para todos los profesionales sanitarios que tienen que acompañar a familiares que han sufrido pérdidas.

Converso con Belén y Araceli de manera virtual. Quiero conocer sus impresiones sobre cómo ha sido la **gestión del duelo** durante este último año y medio de sufrimiento. Lo primero que me cuentan es que no nos hemos enfrentado a la muerte de manera natural, quizá porque se ha puesto «todo el peso en la lucha contra la pandemia, pero no se ha hablado de los muertos. Han sido miles, pero no se tiene conciencia de ello porque apenas ha habido imágenes», tan solo las de algunos enfermos ingresados en las UVI o, afortunadamente, saliendo de los hospitales.

Cada vez son más los profesionales especializados en la gestión del duelo y, sin embargo, a la mayor parte de las personas nos cuesta pedir ayuda cuando nos sentimos desamparadas por la pérdida de un progenitor, un hijo, una pareja o un amigo. Belén y Araceli lo saben bien. Durante años han trabajado con cientos de hombres y mujeres que finalmente decidieron pedir ayuda profesional por consejo e insistencia de otros que habían pasado por la misma situación. Las expectativas son siempre las mismas: todos necesitan escuchar que el inmenso dolor que sienten no va a durar siempre.

El dolor ante una pérdida es inevitable, pero la intensidad irá variando con el paso del tiempo.

¿Qué es el duelo? Belén y Araceli lo explican de una forma que me parece que puede aliviar a quienes estén pasando por una pérdida dolorosa:

«El camino del duelo es transformar el dolor en amor. Ubicar a la persona en tu vida de otra manera, porque el amor que sientes por esa persona y los recuerdos siempre estarán ahí».

Hasta no hace mucho tiempo, los terapeutas se centraban en la despedida a la hora de ayudar a gestionar el duelo y usaban herramientas como escribir una «carta de cierre». Sin embargo, después de años de experiencia, estas dos psicólogas entienden que «no se trata tanto de despedir como de **transformar el amor** hacia esa persona, que ya no está presente».

«El duelo es el camino que hay que recorrer en ese dolor para volver al amor. El dolor está, e incluso es físico en un primer momento, pero en todo ese recorrido se le irá dando espacio al dolor mientras entras y sales de él».

A nadie le gusta sufrir ni ver sufrir a las personas que quiere, pero ante la pérdida es necesario experimentar el dolor para seguir adelante. Quienes transitan por el duelo tendrán que ***aprender a vivir la vida de otra manera,*** aunque al principio parezca imposible.

Pero ¿cómo realizamos ese camino? Dependerá de cada persona, aunque Belén y Araceli coinciden en que no hay reglas generales ni maneras mejores o peores de hacerlo. Cada cual lo hará como pueda y sepa, según sea el vínculo con la persona que se ha perdido.

Respecto a las etapas del duelo, estas dos psicólogas son muy claras: «Los autores no se ponen de acuerdo. Es cierto que en una primera etapa aparece el *shock,* en el que no dejas de preguntarte ¿por qué?, pero después se entra y se sale de diferentes etapas. Aunque en ocasiones se tenga la sensación de que se están dando pasos hacia atrás, no es así».

—¿Hay maneras buenas y malas de afrontar el duelo? —les pregunto.

—La manera de vivir el dolor depende de cada uno. El dolor del principio casi no se siente y puedes reaccionar de forma impulsiva. Pero cuando te vas despertando de esa anestesia, necesitas recorrer el camino a través de esos simbolismos que son importantes para cada uno. No hay normas.

Puesto que no nos han educado ni en la muerte ni en la gestión del duelo, y, además, no nos gusta ver sufrir a las personas que queremos, cuando alguien cercano pierde a una persona querida, nos sentimos sin herramientas, nos quedamos sin palabras, no sabemos qué decir ni cómo actuar.

—¿Cuál es el papel del acompañante en el duelo? —pregunto.

—Cuando alguien pasa por un duelo, necesita a un amigo que esté. Sin más. Acompañar en lo que necesite, porque, aunque sea complicado para quien acompaña, es lo que necesita el que sufre. No hay reglas ni consejos generales. Tan solo estar con los brazos abiertos, estar físicamente.

La pandemia de la COVID-19 ha puesto nuestra vida patas arriba y ha cambiado nuestra forma de afrontar el duelo. A esto hay que añadir otro elemento fundamental: la culpabilidad, que aparece entre los familiares por la incertidumbre del contagio y por no haber podido acompañar al ser querido.

Y si hablamos de la COVID-19 y de despedida, no podemos olvidarnos de los sanitarios, que, preparados y formados para dar vida, han sido los que más estrés e impotencia han sentido al estar al lado de los que se marchaban en soledad.

Pero echemos la vista atrás... Seguro que no te habrías imaginado hace dos años que apenas unos meses después tendrías que encerrarte en casa a causa de una pandemia mundial.

En las calles de Madrid se llegó a escuchar el silencio, algo imposible en una ciudad como esta. Desde mi casa podía ver la M-30 vacía: tan solo la recorrían coches de la Policía y ambulancias. Nuestras vidas precipitadas, llenas de tareas y obligaciones, dejaron de ser lo que eran. Antes solíamos dejar las cosas para más adelante, como si el tiempo estuviera en nuestras manos, y si no veíamos a la familia con asiduidad, era por culpa del trabajo. Los abrazos no eran más que un simple gesto y, en muchas ocasiones, apenas duraban un par de segundos.

¡Cuántas veces dijimos eso de «necesito parar»! Pues, bien, a veces los deseos se cumplen...

El ser humano se cree capaz de vencer a cualquier enemigo que se cruce en su camino. El ego nos lleva a pensar que somos intocables y sentimos la necesidad de tenerlo todo bajo control. Hasta hace un año y medio, la incertidumbre era algo que solo sentían unos pocos ¡Qué equivocados estábamos! La incertidumbre y la falta de control siempre han estado a nuestro lado, pero ahora las siente todo el planeta, y con ellas el miedo, la tristeza y la ira.

En medio de este caos, durante los largos meses de pandemia algunos nos hemos aferrado a la esperanza de que todo esto sirviera para algo. Soñábamos con que se produciría un despertar que nos llevaría a valorar el instante, a disfrutar más que a planificar, a agradecer a diario, a compartir, a conocernos de verdad, a valorar, a demostrarnos la capacidad que tenemos de superar los obstáculos.

En las redes sociales se hicieron habituales las entrevistas y los artículos de expertos ofreciendo herramientas para ayudarnos a sobrevivir en un momento tan difícil y excepcional. Algunos insistíamos en que debíamos ver la parte positiva de la situación y, en efecto, muchos vivimos un despertar, un cambio radical exterior e interior. Manteníamos la fe —o la ilusión— de que esta situación, que iba a suponer un antes y un después en nuestras vidas, nos enseñaría a cuidarnos y a cuidar de los demás.

Por desgracia, no siempre el ser humano aprende...

MAS DE 365 DÍAS DESPUÉS

Cuando escribo estas líneas, ha pasado más de un año y medio desde el confinamiento de los meses de marzo-mayo de 2020. Durante todo este tiempo hemos visto cómo nuestras libertades se mutilaban, con la idea de que era necesario limitarlas para salir de la situación. Sin embargo, el virus no deja de mutar, de contagiar y de matar.

Se han perdido miles de puestos de trabajo, se han cerrado cientos de empresas y las colas del hambre se volvían una realidad palpable y cercana. Nos hemos acostumbrado a un nuevo lenguaje y a una nueva manera de vivir, cubiertos los rostros por las mascarillas, acompañados por botes de gel hidroalcohólico, sin contacto físico entre las personas, sin besos, sin abrazos...

Estamos en plena campaña de vacunación, con sus ritmos y sus circunstancias. Parece que se ha declarado una guerra —política— que me lleva a pensar que para algunos el objetivo no es salvarnos a todos. Parece que tan solo se trata de aprovechar la situación para arañar unos cuantos votos. Los dirigentes siguen mirándose sus ombligos, cegados por el ego y las ansias de poder. El verdadero liderazgo hace ya mucho tiempo que desapareció.

Un año y medio después, muchos seguimos sin poder viajar y sin ver a nuestros familiares. Tampoco hemos podido despedir a nuestros muertos. Centenares de negocios siguen cerrados y las secuelas económicas son gigantescas. La vida no volverá a ser como la conocíamos.

Y un nuevo término se ha añadido a nuestro vocabulario diario:

FATIGA PANDÉMICA.

¿En qué consiste?

Para contestar a esta pregunta hablo con Javier García Campayo, psiquiatra, profesor y director del máster en Mindfulness y del grupo Webmindfulness, ambos de la Universidad de Zaragoza.

Javier me explica que en este momento confluyen dos circunstancias excepcionales:

—Por un lado, el impacto que ha tenido la pandemia y el aislamiento de la población, que ha hecho aumentar en un 20 % los casos de depresión y estrés. Por otro lado, la llamada «fatiga pandémica», porque la gente está cansada de las normas de aislamiento, de no poder reunirse, de no poder salir. Las personas mayores, más acostumbradas a acatar normas, se han adaptado mejor, pero hay un grupo grande de la sociedad, sobre todo la gente joven, en el que ha surgido una resistencia ante la privación de libertad. Y esto se traduce en rechazo y en enfrentamiento a la autoridad.

La Organización Mundial de la Salud (OMS) ya se había dado cuenta de que esto iba a suceder, y avisaron del peligro a los líderes de los países para que ofrecieran alternativas a las restricciones. Sin embargo, un año y medio después del confinamiento total de la población vemos que el número de «negacionistas» —tanto de la pandemia como de la eficacia de las vacunas— ha ido en aumento, así como el de personas que se resisten a acatar las normas.

Para Javier, «el desencanto se une con el cansancio. Y esto nos ha llevado a ver comportamientos violentos incluso en países que eran un referente para nosotros a la hora de comportarse».

—¿Puede ser que los comportamientos de desobediencia sean una respuesta necesaria ante la necesidad de mantenerse sano mentalmente? —le pregunto.

—Sí, porque en la gente joven el impacto ha sido enorme. Los niños que han nacido y socializado en este periodo verán como algo normal no dar abrazos a los abuelos ni a los amigos.

El ser humano tiene una gran capacidad de adaptación, capacidad que quedó demostrada en la primera ola de la pandemia.

Durante el confinamiento, solo hubo casos aislados de personas que no quisieron cumplir las normas o que hicieron trampas para salir de casa, desplazarse o reunirse con amigos y familiares. Sin embargo, pasado ese tiempo, cada vez son más los casos de personas que parece que el virus no va con ellas.

Es como si durante los primeros meses de pandemia nuestra mente hubiera tenido claro cuál era el objetivo, pero ahora decide que no puede seguir más tiempo soportando restricciones a nuestra vida social y personal.

Ni mucho menos estoy justificando esos comportamientos —ni los comparto—, tan solo intento entenderlos y explicarlos.

Como bien señala Javier, «nuestra naturaleza es la de compartir y relacionarnos. Y en este tiempo, además de no poder hacerlo, hemos comenzado a perder la confianza en nuestros gobernantes».

Si observamos lo que sucede a nuestro alrededor, veremos que estamos mucho más irascibles, que saltamos y nos enfadamos mucho más que antes. Incluso el teletrabajo, por el que hubiéramos firmado años atrás con los ojos cerrados, comienza a quemarnos, hasta el punto de que para muchos ir a la oficina se ha convertido en unas pequeñas vacaciones.

Y todo esto sin hablar de las consecuencias económicas, laborales y sociales de la pandemia: la incertidumbre, la angustia de no encontrar trabajo y de no saber cómo vamos a hacer frente a nuestros gastos... Porque son muchos lo que no pueden alimentar a sus hijos y ni siquiera se les permite emigrar a otro país.

Javier me cuenta que durante el último año han aumentado las visitas de pacientes por «ansiedad y depresión. Por el miedo a lo que viene, por la situación laboral y económica. Muchos se preguntan qué va a pasar con ellos». En esos casos, la psicoterapia o el tratamiento farmacológico apenas ayudan, porque su problema no se resuelve así.

> *«Es importante que la gente asuma que el sufrimiento existe. A la vez que una pandemia destruye, puede dar lugar a un desarrollo de la generosidad. La clave está en que todos vayamos a por una».*

—En una situación como esta, ¿qué podemos hacer que esté en nuestras manos? —pregunto.

—No soportamos el sufrimiento. Y como este que hemos vivido, posiblemente vengan más. En estos momentos hay que fijarse en la suerte que tenemos, ser responsables y, sobre todo, pensar que debemos salvarnos todos como especie, como humanidad.

Estarás de acuerdo conmigo en que el mundo desarrollado se ha vuelto a fijar en sí mismo, abandonando a su suerte a todos aquellos que no tienen recursos. Por todo ello, ahora más que nunca, es el momento de que los más afortunados agradezcamos y compartamos.

El miedo y la desconfianza van a seguir a nuestro lado durante mucho tiempo. Pero ¿volveremos a nuestra vida normal? Me hago esta pregunta porque soy de las que pienso que la vida tal y como era antes no regresará. Ni mucho menos esto significa que estemos siempre en alerta, tensos y con estrés. Lo que espero es que se produzca un cambio tanto individual como global. Que la nueva vida no sea solo una carrera de supervivencia, sino un

máster en aprendizaje. Que la memoria no nos permita olvidar lo vulnerables que somos y que, precisamente por ello, aprendamos a vivir el instante, a despojarnos de lo superfluo y a mirarnos a los ojos y no tanto a nuestro ombligo.

Todos tendremos que poner de nuestra parte. Comencemos aprendiendo a querernos y a querer, a compartir, a conocernos por dentro, a buscar nuevas ilusiones, a generar dopamina, endorfinas e incluso adrenalina. Comencemos a mirarnos en el espejo antes de destacar los defectos de quien tengo enfrente. Comencemos a vivir sin programar, a agradecer, a dejar brillar al que tenemos al lado, porque de ese modo todos brillaremos más.

¿TE ANIMAS?

Nada volverá a ser como antes. Retomaremos costumbres, tendremos menos presente lo que vivimos en la primavera de 2020, recordaremos como una «batallita» que contar a nuestros nietos ese tiempo de confinamiento, cuando nos dio por ordenar armarios y por apuntarnos a clases *on-line,* cuando las videollamadas comenzaron a formar parte de nuestro día a día. Fueron tardes de bizcochos, de juegos de mesa, de lectura, de documentales y de películas que teníamos pendientes.

Muchos negocios se centraron en las ventas *on-line,* y las plataformas de comida a domicilio y las compras por internet se hicieron habituales... ***Las cosas habían cambiado, así que había que hacer las cosas de diferente manera.***

No tengo capacidad de predicción y no me aventuro a asegurar cómo funcionará el mundo a partir de 2022. Pero, si escuchamos a los expertos, no podemos descartar la llegada de nuevas pandemias que trastoquen nuestra forma de vida.

Por eso escribo este libro, en el que encontrarás las piezas clave que deberás incorporar para esa nueva vida que comienza. Todas te ayudarán a aceptar la realidad, te enseñarán a conocerte mejor, a **vivir aquí y ahora,** a generar hábitos que te proporcionen bienestar. Te enseñarán a ilusionarte con esta nueva etapa, siendo fiel a ti mismo. Te enseñarán a quererte y a confiar en ti.

***Porque es ahí,
en tu amor propio
y en tu confianza,
donde radica el éxito.***

1.ª PIEZA

Trabaja la aceptación

Desde que somos niños queremos que las cosas salgan como habíamos pensado. Y cuando esto no ocurre, aparece la frustración, el enfado, en ocasiones el sentimiento de culpa, y nos paralizamos... Pero si hay algo que nos ha tenido que enseñar la pandemia de la COVID-19 es precisamente que no todo está en nuestras manos.

El psiquiatra Javier García Campayo destaca que el ser humano debe aprender a aceptar las cosas tal y como llegan y como son, asumiendo que no siempre ocurre lo que uno desea. En este sentido, es importante subrayar que aceptar no significa resignarse ni claudicar, sino, sencillamente, dejar de luchar, porque es precisamente la lucha la que nos acompaña cuando queremos cambiar las cosas que ocurren a nuestro alrededor. Y esto no siempre es posible.

Cuando nos sentimos frustrados y/o enfadados, nuestras emociones nos llevan a buscar a alguien a quien echar la culpa. Nos parece que los otros son los que nos han producido el dolor, e incluso, para aminorar el malestar, decidimos convertirnos en perpetradores de daño para equilibrarnos, para compensarnos. Sin embargo, lo único que lograremos será aumentar el malestar.

No voy a centrarme ahora en las emociones —las trataré en la próxima parada-pieza—, aunque sí quiero destacar que lo que sentimos cuando no conseguimos lo que deseamos, cuando la vida nos da un revés inesperado, nos está diciendo algo de nosotros mismos.

Lo que distingue la aceptación de la resignación es que **aceptar consiste en entender que lo que está ocurriendo es como es,** estemos o no de acuerdo. Aceptar es decirse a uno mismo: «Esto es lo que hay». Pero no desde la sensación de haber perdido la batalla, sino desde el convencimiento, y con la humildad, de que no está en nuestras manos cambiar lo que está ocurriendo.

La resignación, en cambio, aparece cuando siento que «yo puedo hacer algo y no lo hago», emoción que nos lleva a una sobreactuación que en ningún caso me dará el resultado que deseo.

El exceso de actuación no es eficaz y, además, agota. Por el contrario, cuando estás en la aceptación, dejas de pelear, desaparece la ira de tu interior e inviertes tu energía en lo que puedes modificar.

Pero, claro, si desde pequeños nos animan a buscar objetivos y alternativas, si desde el principio nos han hecho creer que, si trabajamos, nos comportamos bien y cumplimos las normas, todo saldrá bien, ¿qué ocurre cuando descubrimos que esto no siempre es así?

Por un lado, sentimos una inyección de energía que nos lleva a resistirnos, lo que nos hace vivir en lucha y desgaste permanentes. Por otro lado, posteriormente, sentimos que perdemos la fuerza, las ganas y la ilusión.

Por mi trabajo como *coach,* estoy en continuo contacto con personas de todo tipo, pero todas tienen algunos elementos en común. Uno de los más destacables es el conflicto que se produce entre sus valores más preciados y lo que viven diariamente. A esto hay que añadir el propio carácter y el reconocimiento de sus cualidades más destacadas, que crean la ilusión de que pueden cambiar lo que desean cuando lo desean. Pero no, no pueden, y entonces llega la cascada de emociones y sentimientos dolorosos.

Mi trabajo no consiste ni en aconsejar, ni en decir que alguien está equivocado, ni en contar lo que yo haría. Yo solo escucho y observo, y lo que percibo con mayor frecuencia es el sufrimiento que causa la no aceptación de la realidad.

Los seres humanos solo somos dueños de nuestras acciones. Y no es poco... Para bien o para mal, todos sabemos que hay una parte de nosotros mismos que sí podemos cambiar, porque depende de nosotros hacerlo. Pero, más allá de esa parcela, todo lo demás está fuera de nuestro alcance.

Por ello tenemos que comenzar a cambiar nuestra forma de pensar y de actuar. Esta es una de las principales lecciones que nos ha enseñado la pandemia: dejar los apegos y los egos a un lado, porque solo nos llevan a ser esclavos de nosotros mismos. Debemos incorporar nuevas formas de afrontar la adversidad y los cambios, porque, posiblemente (y no quiero ser catastrofista), en los próximos años tendremos que hacer frente a circunstancias que pondrán nuestras vidas patas arriba.

En este punto, seguro que te estarás preguntando: ¿cómo puedo trabajar la aceptación de manera práctica?

1. **Cambia la forma de mirar lo que tienes delante.**
   Todos los hechos que ocurren a nuestro alrededor los interpretamos. Y según la interpretación que les demos, se producirá en nosotros una reacción, fruto también de las emociones que esos mismos hechos nos evoquen.

   Te voy a poner un ejemplo:

¿Qué imagen ves?

Algunos verán dos caras mirándose frente a frente; otros, una copa. Pues bien, las dos imágenes son una ilusión óptica, un engaño de nuestro cerebro, que viene a representar cómo una misma imagen puede verse de diferente manera, según se mire...

Lo mismo ocurre con la situación que tenemos delante, cuya valoración dependerá de la interpretación que hagamos. Podemos mirarla siempre desde el mismo lugar o podemos cambiar la perspectiva.

También la veremos de diferente manera según el momento en el que nos encontremos, el contexto, la educación que hemos recibido, nuestra personalidad, nuestras experiencias... **Somos nosotros los que decidimos** cómo queremos verla. Sé que, a la hora de medir y valorar, todos llevamos un patrón muy aprendido del que cuesta desprenderse, pero no es imposible. Por eso, cada situación dolorosa que la vida te pone en el camino puedes interpretarla como un gigantesco obstáculo —te sitúas como víctima— o verla como una oportunidad.

Esta es la única forma de hacer lo que esté en tus manos.

2. **Piensa en esa situación que no aceptas.** Puede ser algo cotidiano o una circunstancia que en este momento te genera una gran preocupación. También puede ser un hecho del pasado que ya no puedes modificar. **Cierra los**

ojos, piensa en esa situación y espera a que llegue la emoción. No rechaces la emoción ni el malestar, no los juzgues ni los cuestiones, solo obsérvalos.

3. **No te resistas a lo que sientes.** No lo rechaces. A medida que llega la emoción, verás cómo la vas sintiendo en tu cuerpo. Cuando pasen unos segundos o un par de minutos, coloca las palmas de las manos boca arriba. Este es **el gesto de la aceptación.**

4. Con esa postura y con esa **emoción dentro de ti,** comienza a respirar de forma pausada, mientras te dices: **«Así fue. Esto ocurrió. Así son las cosas».** Repite las tres frases varias veces, con un tono tranquilo, sin venganza ni lucha, tan solo reconociendo lo que ocurrió.

5. **Continúa diciendo: «Esto es lo que ocurrió.** Así son las cosas y, a pesar de todo, todo está bien. Tengo que seguir adelante».

Poco a poco irás sintiendo que la tensión y la lucha disminuyen. Cuando termines de repetir las frases de aceptación, y a medida que el dolor y la frustración desaparecen, verás cómo tu cuerpo te pide coger aire. Inspira y expira profundamente porque es hora de seguir adelante.

Esta primera pieza seguro que puedes usarla en un montón de situaciones. Deberás ser hábil y rápido para reconocer tu propia resistencia y el momento en el que aparece la frustración. Cuando lleguen, para unos minutos, deja de hacer lo que estés haciendo y busca un lugar tranquilo para repetir las frases de aceptación:

«Lo que está, lo que ha llegado, está bien».

2.ª PIEZA

Gestiona la ira

Comenzaré esta segunda pieza haciéndote una serie de preguntas:

- *¿Cómo te sientes en este momento leyendo estas páginas?*
- *¿Y ayer? ¿Cómo te sentías?*
- *¿Cuándo ha sido la última vez que te has reído a carcajadas?*
- *¿Cuándo te has sorprendido por algo o por alguien?*
- *¿Qué es lo que más te enfada del mundo?*
- *¿Cuándo has llorado por última vez?*
- *¿Qué es lo que más te asquea?*

Durante los últimos años se ha puesto en relieve la importancia que tiene ser consciente de nuestras emociones. Ya hay numerosas escuelas de formación en conocimiento emocional dedicadas a educar a los más jóvenes sobre cómo gestionar sus sentimientos y emociones, y en el ámbito laboral también se está apostando por este aprendizaje, que ya se considera clave para obtener mejores resultados en todos los ámbitos.

Todas las situaciones que se nos presentan a diario en nuestra vida cotidiana nos envían una información que es captada por nuestro cerebro, que es quien se encarga de poner en marcha el engranaje necesario para la supervivencia.

Aunque históricamente siempre se le ha prestado más atención a la razón, en los últimos años se ha demostrado que trabajar en nuestra **inteligencia emocional** produce un mayor bienestar y nos vuelve más inteligentes y eficientes. Atrás quedaron los años en los que ocultar y no expresar las emociones era un signo de fortaleza. Las personas somos un compendio de razón y emoción, y conjugarlas correctamente nos puede ofrecer un sinfín de oportunidades.

¿Qué son las emociones? ¿Qué funciones tienen?

- Son una señal para nosotros y para las personas que nos rodean.
- Nos preparan para la acción.
- Vigilan el estado de nuestras relaciones.
- Evalúan cómo van las cosas que ocurren a nuestro alrededor.
- Amplían la inteligencia y aportan información sobre nuestro bienestar. Si se combinan con la razón, contribuyen a hacernos más eficientes en nuestro entorno, que cambia continuamente.

Las emociones exponen los problemas para que la razón los resuelva.

HECHO → **EMOCIÓN** → **ACCIÓN**

Las emociones se centran en el presente para que las acciones se dirijan a conseguir metas inmediatas, pero están influidas por el pasado y ejercen influencia en el futuro.

En ocasiones se anticipan a los hechos y sirven de entrenamiento ante circunstancias que pueden ocurrir. Esto supone un problema si ese futuro incierto se vive como real y presente, ya que fisiológicamente se pondrá en marcha todo el **mecanismo de preparación o protección,** como si los hechos estuvieran ocurriendo ahora.

¿Recuerdas lo que cenaste el miércoles pasado? ¿Te acuerdas de qué hacías el 14 de marzo de 2020 o los días inmediatamente anteriores y posteriores? Posiblemente, no recuerdas qué cenaste el miércoles pasado, a no ser que tuvieras una velada importante. Sin embargo, seguro que sí te acuerdas de qué hacías cuando en el país se decretó el estado de alarma como consecuencia de la pandemia de la COVID-19. El impacto emocional que esta decisión provocó hizo que aquel día quedara grabado en tu cerebro.

Las emociones incrementan la velocidad del aprendizaje. Cuando tenemos una reacción emocional intensa, el cerebro almacena la experiencia para que no la olvidemos. Esto, que parece una ventaja, puede volverse en nuestra contra si no aprendemos a gestionar adecuadamente nuestras emociones, puesto que el **estado de alerta,** estemos en peligro real o no, se puede volver crónico.

¿Te acuerdas de aquellos primeros días en los que se acabaron los suministros de papel higiénico y de productos de limpieza en los supermercados? ¿Recuerdas el miedo que nos producía la posibilidad de contagiarnos del virus de la COVID-19 porque las UVI de los hospitales estaban colapsadas? ¿La indignación que nos producía saber que no había mascarillas o geles hidroalcohólicos en las farmacias?

Nunca antes habíamos vivido una situación semejante. Probablemente, los mayores trajeron a su memoria las emociones que vivieron durante la Guerra Civil y la posguerra, pero, sea como fuere, el miedo de la población llevó a que hiciésemos compras compulsivas de comida y productos de primera necesidad.

Esta reacción ocurrió en todo el mundo. Yo pensaba que era normal teniendo en cuenta la zona en la que resido, donde mayoritariamente vive gente mayor (nunca logré averiguar dónde guardaban mis vecinos tantos víveres), pero pronto descubrí que ese patrón de comportamiento se estaba repitiendo en todas partes.

Las emociones se contagian y el miedo es libre. Si estás viviendo algo que te resulta insólito y ves que la persona que está a tu lado en el supermercado arrasa con los suministros de papel higiénico, inevitablemente interpretarás que la situación es de peligro y le imitarás, *por lo que pueda pasar...*

En los cientos de libros que se han escrito sobre las emociones —muchos de ellos verdaderos *bestsellers*—, los expertos distinguen seis emociones básicas (aunque reciban nombres diferentes) que producen un cambio fisiológico en nuestro organismo y nos hacen reaccionar de una determinada manera. Además, esas emociones también se reflejan de una forma concreta en el rostro, sea cual sea el género de la persona, su nivel cultural o su clase social (asunto distinto es cómo nos influyen la cultura y la educación a la hora de mostrarlas).

Las seis emociones básicas son:

1. **ALEGRÍA**
2. **TRISTEZA**
3. **ASCO**
4. **MIEDO**
5. **IRA**
6. **SORPRESA**

Algunos autores añaden el ***desprecio*** como una emoción básica más.

ALEGRÍA

TRISTEZA

ASCO

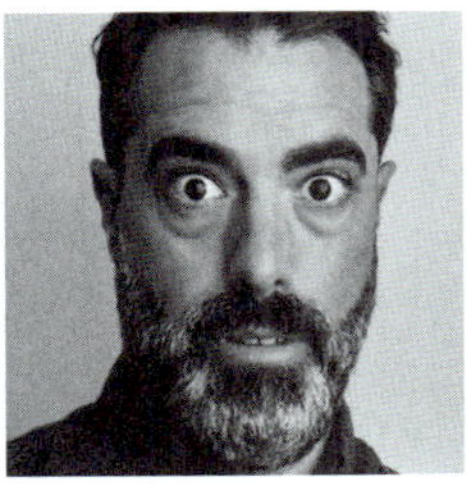
MIEDO

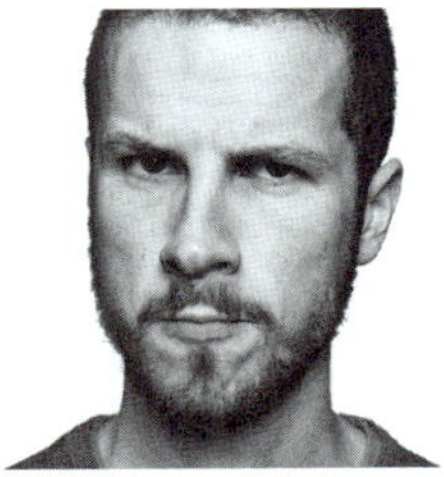
IRA

SORPRESA

En la tercera pieza haré hincapié en el **miedo,** que es, junto con la ira, la emoción que más presente ha estado durante el último año y medio de nuestras vidas. Pero ¿y la **tristeza?** ¿Acaso no ha sido la tristeza la emoción que más hemos sentido todos durante este tiempo? Tristeza por todo lo que hemos perdido, por todo lo que nos han arrebatado... ¿Y el **asco?** ¿Quién no se ha sentido asqueado ante situaciones que nunca habríamos imaginado que viviríamos? Nuestros valores, esos que nos mueven en nuestro día a día, han sido el termómetro para que el asco apareciera, y no para ayudarnos a sobrevivir, sino para decirnos que lo que estábamos presenciando era feo, sucio y rastrero.

Pero pasemos ahora a identificar la **ira,** a escucharla y a gestionarla. Fíjate en esta imagen:

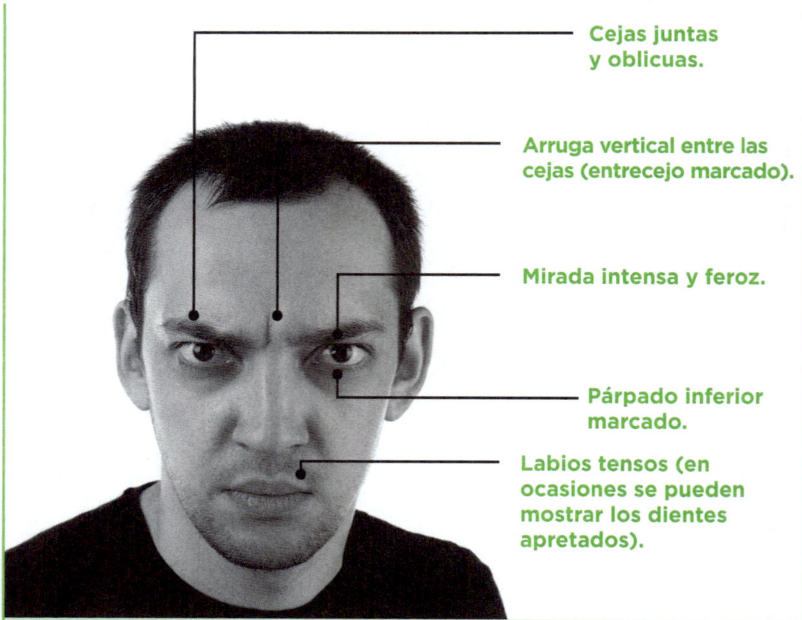

IRA

El psicólogo e investigador estadounidense Carroll E. Izard señala que la ira «es una emoción primaria que se presenta cuando un organismo queda bloqueado en la consecución de una meta o en la satisfacción de una necesidad». Por su parte, los también psicólogos H. B. Danesh y Leonard Berkowitz subrayan la idea de que «un organismo responde ante la percepción de una amenaza con un impulso de ataque». Algunos estudios destacan el conjunto de síntomas fisiológicos, denominado el ***arousal desplacentero,*** que aparece cuando llega la emoción de la ira: aumentan la temperatura y la presión sanguínea; se activa el sistema simpático y se incrementan la frecuencia cardiaca y la tensión muscular.

Según el psicólogo Robert A. Johnson, la ira (o el enfado) es «un estado de emoción formado por sentimientos de irritación, enojo, furia y rabia que activan el sistema nervioso autónomo, endocrino y la tensión muscular». Pero, además de esta manifestación corporal, el enfado tiene otra respuesta cognitiva, que depende de nuestra manera de interpretar una determinada situación. Una situación por sí sola no tiene ningún valor emocional; es la valoración personal la que le confiere un significado.

Ante una misma situación habrá personas que se molesten y enfaden, mientras que otras apenas le darán importancia.

Existe una respuesta conductual dirigida a defendernos de aquello que se interpone en nuestro camino, para lo cual se genera una energía interna que es capaz de lograr la destrucción o desaparición de un obstáculo.

VIVENCIA

- Sentimiento privado involuntario.
- Depende de la historia personal.

REACCIONES FISIOLÓGICAS

- Nos preparan para la acción.
- Tienen un gran valor adaptativo.

CONDUCTAS ASOCIADAS

- Nos ayudan a adaptarnos a la realidad.

Como ya he adelantado, la ira desencadena una **reacción fisiológica** y conecta directamente con varias partes de nuestro cerebro:

- La **amígdala,** que es la encargada de detectar las amenazas. Es nuestra central de alarmas. Hay dos, una en cada hemisferio. Es la responsable de percibir, aprender y ajustar las emociones. Si la amígdala detecta un peligro, nos alertará.
- El **hipocampo,** que almacena la información. Es fundamental para nuestra memoria y para recordar.
- El **hipotálamo,** que da las órdenes a los neurotransmisores y controla las funciones fundamentales para nuestra supervivencia.

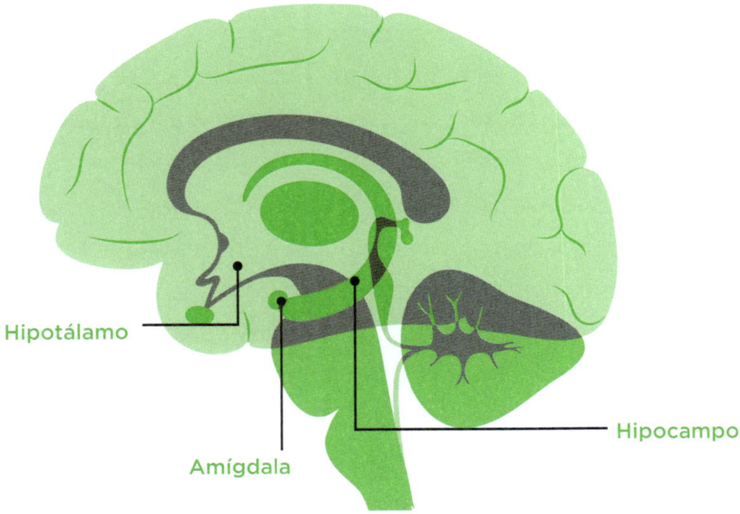

Cuando nos encontramos en una situación en la que nos parece que se han traspasado nuestros límites o que se ha atentado contra nuestra seguridad, este mecanismo cerebral se pone en funcionamiento, y da lugar a un aumento de adrenalina y de testosterona y a una disminución de cortisol.

- La **adrenalina** nos permite generar gran cantidad de energía, que se invertirá en defendernos de la situación que nos causa daño. También ayudará a eliminar o hacer desaparecer la causa de ese malestar. La adrenalina, que tiene un gran poder, nos invita a la acción.
- La **testosterona** es la hormona vinculada a la conducta agresiva y dominante. Vinculada al género masculino, también está presente en las mujeres, aunque en menor cantidad.
- El **cortisol** es la hormona del estrés. Está relacionada con la lucha y la huida.

La ira en sí misma no es mala. Aunque algunos la han catalogado como una emoción negativa, lo que importa es la manera de gestionarla y de expresarla, que puede resultar catastrófica para nosotros mismos y para las personas que nos rodean.

Durante este año y medio de pandemia, la ira ha adquirido un gran protagonismo. Aunque casi siempre suele estar contenida, a veces sale a la superficie. No hay duda de que todos nos hemos vuelto más irascibles y nos ofendemos con más facilidad que antes de la pandemia. Se trata de un fenómeno normal, puesto que hemos presenciado y observado situaciones decepcionantes, injustas, irresponsables e irrespetuosas. Hasta el punto de que el enfado casi lo podíamos tocar.

La manera de expresar la ira puede tener unas **consecuencias negativas** por dos motivos fundamentalmente:

- Porque **desorganiza nuestra manera de pensar y nos lleva a actuar de forma impulsiva.** Cuando la ira se desata, nos cuesta pensar con claridad.
- Porque **compromete nuestra salud.** Las personas que viven en la ira constante pueden acabar padeciendo problemas cardiovasculares.

Pero la ira también aporta **beneficios:**

- Nos ayuda a **resolver conflictos.**
- Si sabemos expresarla correctamente, nos puede **proporcionar información** sobre las personas que nos rodean.
- También nos da **información sobre situaciones injustas, amenazantes y/o frustrantes.** Por ello, si aprendemos a gestionarla adecuadamente, la ira nos ayudará a buscar acciones alternativas.

Como dije al principio de este capítulo, no nos han enseñado a identificar y a conocer nuestras emociones —mucho menos a expresarlas—, lo que puede verse agravado por las circunstancias y el contexto. En estos días estoy viendo la serie *The Crown*, y me llama poderosamente la atención el hecho de que a los miembros de la Corona inglesa nunca se les haya permitido expresar sus emociones en público. ¿Sentían miedo, frustración, rabia, tristeza...? Por supuesto que sentían estas emociones, pero las reprimían públicamente, quizá porque creían que, si las expresaban, mostraban su vulnerabilidad, algo que una Corona fuerte y poderosa no se podía permitir.

La represión de las emociones ha sido una constante en la cultura humana. Sin embargo, los efectos de esta forma de actuar tienen unas consecuencias devastadoras. Conocer y aprender a gestionar nuestras emociones y a expresarlas de manera adecuada nos hace más humanos, más inteligentes, más libres y nos ayuda a sobrevivir.

En el caso concreto de la ira, ¿qué podemos hacer cuando la reconocemos? ¿Cómo la gestionamos y la expresamos antes de que nos secuestre y nos conduzca a vivir situaciones vergonzantes y poco prácticas?

PASO 1:

Lo primero que debes hacer es **aprender a identificarla.** No siempre que mostramos enfado, estamos realmente enfadados, y, al contrario, no siempre que estamos enfadados, lo mostramos. Unas emociones encubren y ocultan otras, y unos sentimientos son tapados por otros.

Por ejemplo, si ves a alguien a tu lado que triunfa y eso te hace sentir inferior, porque te gustaría brillar como esa persona, muestras enfado en lugar de reflejar la envidia que sientes.

Otras veces, en los momentos de tristeza por una pérdida —de trabajo, por ejemplo— prefieres mostrar enfado o ira antes que tristeza, pues crees que esta es una muestra de debilidad.

Muchas personas que se sienten inferiores o que tienen una baja autoestima se comunican con los demás desde el enfado o la ira, porque de ese modo creen que transmiten una imagen más fuerte y poderosa. De ese modo se sienten más seguras.

Así pues, ¿cómo puedes descubrir si es ira lo que sientes? Detectando el origen de la emoción. Es decir, preguntándote: ¿Qué o quién ha provocado lo que sientes? Y ese hecho —o esa persona—, ¿en qué te atenta? ¿Qué límites está traspasando? ¿En qué consiste ese daño?

Solo si contestas a esas preguntas, sabrás si es ira, miedo o tristeza lo que sientes.

También puede ocurrir que el enfado venga acompañado de otra emoción. Por ejemplo, durante los primeros meses de la pandemia, yo sentía una enorme tristeza. Había perdido a un familiar del que no me había podido despedir. El fin de semana que se decretó el estado de alarma tenía pensado visitar a mi familia, por lo que no pude ver a mis seres queridos hasta cuatro meses más tarde (todavía no he podido ver a una gran parte de mi familia porque he decidido cumplir las normas y cuidarlos). Me producía un enorme dolor ver cómo muchos amigos sanitarios soportaban un calvario porque no tenían los medios suficientes. Poco después me di cuenta de que esa tristeza se convirtió en un gran enfado y en ira. Estaba enfadada por cómo se había producido todo y me enfadaba ver cómo el ser humano volvía a pecar de egocéntrico. Estaba enfadada con el sistema. La ira se mezclaba con la tristeza cuando comprobaba que mucha gente no cumplía con las normas y ponía en peligro la salud y la vida de otras. Era consciente de que o remábamos todos en el mismo sentido o no seríamos capaces de salir adelante. También me enfadaba ver cómo los políticos seguían sin pensar en los ciudadanos y que existía una guerra de intereses entre los países y las empresas farmacéuticas. Y, por último, me enfadaba ver cómo los gobernantes se olvidaban, una vez más, de los más desfavorecidos.

Por tanto,

Identifica el origen	¿De qué me informa?	¿Qué emoción hay?	¿Le acompaña otra emoción?

PASO 2:

¿Qué cambios fisiológicos se producen en ti? Ya hemos dicho que cuando se produce una emoción se pone en marcha un mecanismo interno necesario para la supervivencia. Imagínate que estás en una situación de peligro y que tu corazón sigue bombeando sangre al mismo ritmo, que no se desata gran cantidad de energía y que tus músculos se encuentran relajados... Si eso ocurriera, ¿podrías defenderte o atacar? No, porque tu cuerpo no está preparado.

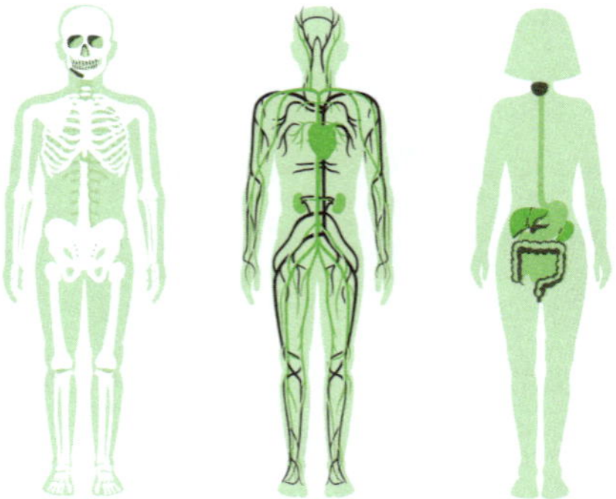

¿Eres consciente de lo que ocurre en tu cuerpo cuando te enfadas? Te diré lo que siento yo: noto cómo me sube la temperatura y cómo el corazón comienza a bombear más sangre. Siento una inyección de energía, producto de la descarga de adrenalina. Puedo sentir cómo se tensa mi mandíbula, e incluso aprieto los dientes. Mis manos se contraen, se aprietan. Siento presión en mi cabeza.

Todas estas reacciones me dan la clave: me estoy enfadando. Y es en ese momento cuando hay que demostrar que hemos aprendido a **gestionar la ira.** Al principio te costará, porque tienes que ser muy buen observador de ti mismo, pero poco a poco irás siendo cada vez más consciente del cambio que se está produciendo en tu cuerpo.

CAMBIOS FISIOLÓGICOS

PASO 3:

Enfríate. Cuando no estamos entrenados, esto es lo más difícil de conseguir. Imagina que tu cuerpo tiene dos grandes vías: una es una autopista por la que circulas a gran velocidad. La otra es una carretera general por la que vas mucho más despacio. Algo parecido ocurre con las emociones: por la *autopista* transitaría nuestra parte emocional, y por la *carretera general,* nuestra razón.

Por tanto, aunque la razón es la encargada de poner en perspectiva la situación, la emoción lleva tiempo en la meta y ha arrasado con todo lo que se ha encontrado en su camino.

Por ello es importante ralentizar el ritmo de circulación en la autopista. Podemos hacerlo de varias maneras:

- Imagina que tu mente es un **bote con agua** en cuyo fondo se posa un montoncito de purpurina. Cuando te enfadas es igual que si agitaras el bote y la purpurina se mezclara con el agua. Para bajar el nivel de enfado respira profundamente hasta que la purpurina baje al fondo del bote.

- Imagina que tienes una **hoguera** delante de ti y que, mientras respiras profundamente, soplas hasta apagarla.

- Imagina que tienes delante de ti un semáforo que te indica que tienes que **parar** (rojo), **pensar** (amarillo) y **actuar** (verde).

PARA - PIENSA - ACTÚA

Parar: para no dejarte llevar por la emoción.

Pensar: durante unos segundos; pregúntate si merece la pena ponerse así y si hay otra manera de expresar tu enfado.

Actuar: desde la calma y no desde el impulso.

- **Haz deporte:** sal a la calle y ponte a correr. Notarás que la rabia y la frustración se liberan. Además, cuando haces deporte generas endorfinas y dopamina, hormonas responsables de las sensaciones de bienestar y de felicidad.

Ninguna de estas técnicas hará que el enfado desaparezca, pero sí lograrán detener el impulso y evaluar cómo quieres expresarlo sin hacerte daño ni hacérselo a los demás.

PASO 4:

Cuestiona lo que sientes. ¿Merece la pena ponerse así por esto? ¿Es tan grave como para estallar de esta manera? ¿El enfado que sientes va a conseguir cambiar las cosas? ¿Es proporcional ese enfado con el hecho que lo ha provocado? ¿Te aporta algo positivo sentirte así?

PASO 5:

Expresa el enfado de manera asertiva. Como te he dicho, no se trata de pasar por alto el malestar, sino de expresarlo de otra manera después de identificarlo y evaluarlo.

Así, en lugar de culpar a otra persona y decir: «Tú eres ____», «Lo que me has hecho es ____», «Has provocado que yo ____», di: **«Tu comportamiento me hace sentir ____», «Cuando haces ____, yo me siento ____».**

De ese modo, la otra persona no se sentirá atacada, sino que escuchará cómo te sientes.

Recuerda que todos los sentimientos son válidos. Cada uno de nosotros interpretamos las situaciones y los hechos que nos causan dolor de una manera personal y única.

No siempre dispondrás de tiempo para poner en práctica estos pasos; no siempre podrás detenerte a pensar en el bote de purpurina o en el fuego de una hoguera. Y, sin embargo, la ira o el enfado aparecen en milésimas de segundo. ¿Qué puedes hacer para tener una buena respuesta ante la ira en pocos segundos?

Lo primero es entrenar mucho y tener en cuenta que las costumbres y los hábitos no se cambian en dos días. Lo que siempre estará en tus manos es respirar hondo y **alejarte de la escena** que ha provocado la emoción. Si estás en el trabajo, ve al baño; si estás en casa, cambia de habitación; si estás en la calle, cambia de acera... Se trata de que le hagas ver a tu cerebro que sabes cómo gestionar este difícil momento.

Por eso también te aconsejo que comiences a practicar **un anclaje,** es decir, un gesto que tu cerebro interprete inmediatamente como un «STOP». Puede ser algo tan sencillo como tocarte la oreja, acariciar un anillo, poner la mano sobre el pecho... Sea lo que sea, significa que debes parar y relajarte.

Al mismo tiempo, identifica la emoción que deseas sentir, por ejemplo, la calma.

¿Cuál será la respuesta si realizas todos esos pasos? Lo más probable es que, cuando llegue la calma, seas capaz de decirle a la persona que te ha provocado la ira frases como estas:

- *En este momento no quiero hablar. Cuando esté más tranquila, charlamos.*
- *Tu comportamiento me ha hecho sentir_________.*
- *Quiero que sepas que esto me ha molestado mucho y me gustaría que no se repitiera.*

Para que tu cerebro pueda relacionar todos esos pasos necesarios para gestionar la ira, será necesario:

- *Revivir una situación de enfado y conectar con tu emoción.*
- *Hacer el anclaje.*
- *Recibir la nueva emoción desde la que vas a hablar.*
- *Actuar tal y como te gustaría desde la nueva emoción.*

Es decir, visualízate tal y como quieres estar. El gesto de anclaje te ayudará a parar la emoción y a expresarte desde la calma. Si repites varias veces esa visualización, tu cerebro grabará la nueva emoción y de ese modo incorporará un nuevo patrón de conducta.

Todo esto tiene mucho que ver con el experimento del famoso fisiólogo ruso Iván Pávlov (1849-1936), conocido como el «Experimento del perro de Pávlov», que dio lugar a la teoría del condicionamiento básico y que le valió el premio Nobel en 1904. El experimento consistía en hacer sonar una campana cuando la comida de los perros estaba lista. Tras repetir varias veces el repique de campanas, los animales sabían, porque lo habían aprendido, que el sonido significaba que había llegado la hora de comer. Por tanto, los perros generaban jugos gástricos y saliva, señales claras de que estaban a punto de saciar el hambre. Tras cierto tiempo actuando de esta manera, Pávlov hizo sonar la campana, pero no les puso la comida a los perros. Y, aun así, estos seguían generando jugos y saliva en cuanto escuchaban el sonido de la campana. Habían aprendido y habían interiorizado una **respuesta automática.**

Por tanto, si visualizas una y otra vez el cambio de comportamiento ante el enfado o la ira tras repetir el gesto-anclaje, pronto te darás cuenta de que esa nueva forma de actuar se ha interiorizado y se ha convertido en un hábito automático.

3.ª PIEZA

Gestiona el miedo

El psiquiatra Javier García Campayo me contaba hace poco que en el último año y medio han aumentado las consultas por depresión, estrés y angustia. El virus nos ha hecho ser más conscientes de nuestra vulnerabilidad, y aunque al principio se suponía que únicamente atacaba a personas mayores (que ya es enormemente grave), pronto nos dimos cuenta de que todos estábamos en peligro de contagiarnos (a nosotros y a los demás), de enfermar y de morir.

El miedo estaba en la calle. Las medidas de seguridad de los pocos establecimientos que estaban abiertos eran muy numerosas, y, de hecho, un año y medio después de que se declarara el estado de alarma, la mayoría se han mantenido. Todos hemos adquirido nuevos hábitos e incluso ahora nos resulta raro ver abrazos y besos en la televisión. Parece que el **miedo** —en ocasiones transformado en precaución— **ha llegado para quedarse.**

En este capítulo no voy a hablar del miedo como patología, ese que ha hecho que muchas personas desarrollen hipocondría y agorafobia. Por el contrario, me centraré en el miedo que todos sentimos en una situación insólita, excepcional y amenazante. Hablaré de sus principales características y de sus indudables ventajas, porque, aunque no nos guste sentirlo, lo cierto es que el miedo también nos ayuda a sobrevivir.

Te enseñaré a distinguir entre el miedo real y el imaginario, y aprenderás a no adelantarte a los acontecimientos y a darle el lugar adecuado para que no te condicione. En definitiva, te enseñaré a escuchar al miedo y a entender sus mensajes.

El **miedo** es una emoción básica cuyo objetivo es garantizarnos la supervivencia, invitándonos a luchar, a huir o a quedarnos paralizados ante una situación de peligro. Podemos definirlo como «una perturbación angustiosa del ánimo por un riesgo o daño real o imaginario», como un «recelo o aprensión que alguien tiene ante la posibilidad de que le suceda lo contrario a lo que desea», o como una «aversión natural al riesgo, a la amenaza o a la novedad».

El miedo moviliza una gran cantidad de energía, por lo que el organismo reacciona rápidamente al estímulo que lo ha causado. La amígdala es la que nos advierte de la amenaza, y junto con las hormonas y los neurotransmisores (adrenalina y cortisol) pone en marcha el mecanismo de respuesta:

- El **corazón se acelera** y, por tanto, aumenta el ritmo cardiaco.
- La **sangre se traslada a gran velocidad** a las extremidades, como preparación para la huida (lo que vulgarmente se conoce como «salir por patas»), la lucha o para buscar un escondite.
- **La presión arterial y la glucosa en sangre aumentan,** lo que provoca que el sistema inmunitario se detenga.

El miedo es una de las emociones más intensas y desagradables, y genera un gran malestar. Quizá por ello se la considera una emoción negativa, aunque, como ya he mencionado, en muchas ocasiones nos salva la vida.

Es la emoción más estudiada, porque sus reacciones producen una gran cantidad de trastornos mentales, conductuales, emocionales y psicosomáticos.

El miedo está relacionado con otras **emociones «negativas»,** como los complejos, la angustia, la inquietud, la intranquilidad, la vergüenza, la confusión, la desesperación, la desorientación, la inseguridad, la preocupación, la impotencia o la tensión.

¿Cómo se refleja el miedo en el rostro?

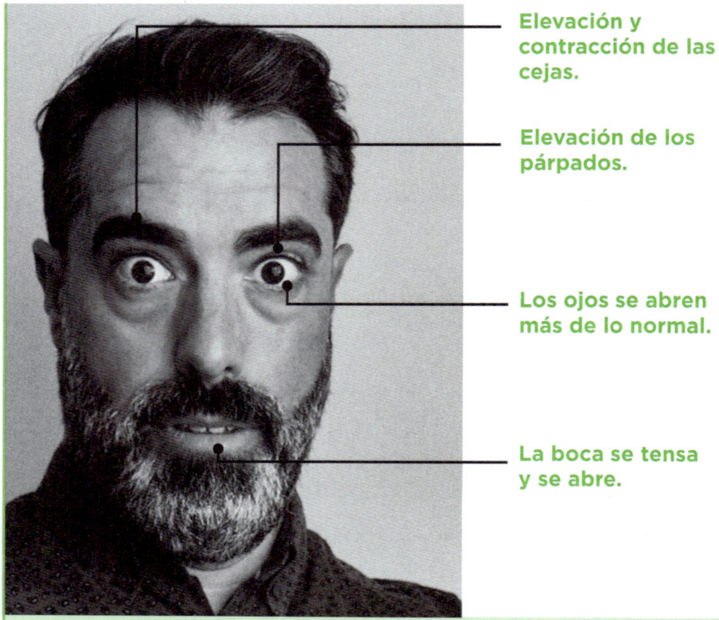

MIEDO

Las **situaciones desencadenantes del miedo** son las siguientes:

- Situaciones potencialmente peligrosas.
- Presencia de elementos que interpretamos como amenazantes, por una experiencia previa o por un aprendizaje.
- Situaciones novedosas o diferentes.
- Dolor, enfermedad o muerte.

El miedo es una **emoción primaria** cuya fuerza te impide sentir otra emoción. Cuando experimentas esa sensación de peligro y se pone en marcha el mecanismo del miedo, necesitas que tu parte racional, tu neocórtex, te ofrezca otra perspectiva para crear una estrategia que te ayude a gestionarlo. Solo así pasarás del «preocuparte» al «ocuparte».

Antes de continuar, hagamos una distinción importante que es aplicable tanto al miedo como al resto de las emociones.

Las emociones se dividen en **cuatro tipos:**

1. *Emoción* ***primaria adaptativa.***
2. *Emoción* ***primaria desadaptativa,*** *que es un sentimiento de malestar crónico.*
3. *Emoción* ***secundaria,*** *que es una emoción defensiva que oscurece el sentimiento primario.*
4. *Emoción* ***instrumental,*** *cuyo objetivo es la manipulación.*

Las emociones primarias son respuestas viscerales a las situaciones. Son los primeros sentimientos que experimentamos ante un suceso: por ejemplo, vas por una calle solitaria de una ciudad que no conoces, es de noche y detrás de ti oyes unos pasos. Lo que sientes en ese momento es una emoción primaria que llegará rápidamente y desparecerá en cuanto cambies de escenario.

Si, por ejemplo, en un momento dado empiezas a tener síntomas asociados a la COVID-19 y notas que te cuesta respirar, el miedo que sientes es una emoción primaria.

Si tu jefe te llama a su despacho y te dice que estás despedido, el miedo que comenzarás a experimentar («¿cómo voy a sacar a mi familia adelante?») será una emoción primaria.

Lo importante es que no confundas ese miedo (emoción primaria) con el que sientes cuando la experiencia amenazante ocurrió en el pasado o si se trata de un temor crónico. En esos casos deberás pedir la ayuda de un psiquiatra o un psicólogo.

Para **desbloquear el miedo** podemos comenzar contestando a las siguientes preguntas:

1. *¿Qué pasaría si supieras que la situación que te provoca el miedo no va a pasar?*

2. *¿Es posible o probable que ocurra?*

3. *En el peor de los casos, ¿qué puede suceder?*

4. *¿Qué pensarás dentro de diez años de esto que ahora te provoca miedo?*

A continuación te ofrezco algunas propuestas para **afrontar el miedo:**

- Acepta el miedo automático y aprovecha esa energía orientándola hacia los objetivos que te has marcado.
- Evita la magnificación del miedo. Potencia el lenguaje positivo para describir lo que te provoca miedo.
- Recopila información que te ayude a superar la incertidumbre.
- Regula el miedo con técnicas de respiración y meditación.
- Intenta afrontar, poco a poco, situaciones que consideras amenazantes.
- Sal de tu zona de confort con frecuencia.
- Relaciónate con entornos que te proporcionen seguridad y confianza.
- Potencia tus fortalezas.
- Trabaja los pensamientos positivos.
- Usa el humor para relativizar el miedo.

Llegados a este punto, hablaremos de los pasos necesarios para **identificar adecuadamente el miedo y aprender a gestionarlo:**

PASO 1:
Proceso de identificación

Piensa en una situación que te produzca miedo (mejor si es en el presente):

- **Toma conciencia** de la emoción.
- **Ponle nombre** y asegúrate de que es miedo.
- Pregúntate si se trata de **miedo real o imaginario.** Si es real, no lo rechaces. La información que te está dando es muy valiosa.

PASO 2:
Descripción de la emoción

- **Describe con palabras cómo te sientes.** Expresa abiertamente tus sentimientos e identifica las respuestas fisiológicas que estás experimentando.

PASO 3:
Evaluación de la respuesta

- **Identifica los pensamientos** que acompañan a esa emoción. ¿Qué mensajes te estás enviando? ¿Son pensamientos negativos o positivos?

PASO 4:

Situación de la emoción

- Dale a la emoción que sientes **el lugar que le corresponde.** Contesta a las preguntas que te planteé anteriormente (véase la página 66), ya que te ayudarán a bloquear el miedo.
- **Observa si tu reacción es proporcional** al hecho en sí que ha causado el miedo.

PASO 5:

La importancia de la respiración

- **Respira profundamente y bebe agua.** Como ocurre con la emoción de la ira o del enfado, la respiración tiene la capacidad de calmar y de bloquear lo que sentimos.
- **Busca un lugar tranquilo** y aspira por un orificio de la nariz mientras tapas el otro. Después espira por este mientras tapas el primero. Respira de este modo varias veces, tapando un orificio de la nariz y luego el otro. Pronto sentirás que te sientes mucho más calmado.

- **Beber agua** siempre funciona. En primer lugar, ayuda a hidratarte, los nervios se calman y serás capaz de expresar lo que sientes de un modo mucho más tranquilo. Te aconsejo que bebas agua justo antes de la situación que te produce temor, como una entrevista de trabajo o una visita al médico para recoger unos resultados.

PASO 6:
Darle forma al miedo

- Ante los miedos más generales (los que no se producen en el momento presente) yo siempre aconsejo a mis pacientes que hagan un dibujo de lo que sienten al visualizar la situación que desencadena la emoción.
- Coloca el dibujo delante de ti: ¿Qué te está diciendo? ¿Te está informando de un peligro

que verdaderamente existe o, por el contrario, te da información contradictoria y confusa? ¿Esa imagen te envía mensajes positivos o negativos sobre ti mismo?

PASO 7:
Reducir el tamaño de la emoción

Puedes hacerlo de diferentes maneras:

- **Ridiculiza el miedo que experimentas.** Imagina tu miedo y ponle una voz estridente o una forma distorsionada. Se trata de que le quites poder a la emoción.

- **Piensa en tus fortalezas.** Identifica cuáles son las herramientas que tienes para hacer frente a ese miedo. Si eres una persona positiva, si eres trabajador, si eres honesto, si eres constante, etc., estas cualidades te pueden ayudar mucho a superar el miedo. Por ejemplo, si tienes miedo porque te has quedado sin trabajo, pero reconoces que eres una persona trabajadora y constante, sabrás que gracias a esas fortalezas volverás al mercado laboral.

- **Trabaja la confianza,** tanto en ti mismo como en los demás. Esa confianza te llevará a un pensamiento y a un discurso positivos. Por ejemplo, si te diagnostican una enfermedad y el miedo llega, lógicamente, lo mejor es confiar en los médicos, en los tratamientos y en tu fuerza.

- **Divide el miedo en algo más pequeño.** Cuando se produce una situación inesperada que te hace sentir vulnerable y, por tanto, aparece el miedo, este suele mostrarse como algo inmenso e inabarcable. En ese caso, te aconsejo que lo dividas en situaciones-emociones más pequeñas que sí puedas afrontar. De ese modo **aumentarás tu autoestima y tu seguridad.**

Esto es algo que he visto en muchas ocasiones en personas que tienen miedo de conducir aun después de sacarse el carné. Como es lógico, si a alguien a quien le da miedo coger el volante le pido que me lleve desde Madrid a Valencia, se sentirá sobrepasado y bloqueado. Sin embargo, si le pido que arranque el coche y recorra una calle tranquila, lo más probable es que se sienta capaz de hacerlo y que poco después se atreva a viajes más largos.

PASO 8:
Utilizar la energía

- La **adrenalina** que genera el miedo puede transformarse en **energía positiva** que te lleve a la acción. A no ser que la necesites para salir huyendo de un peligro real, usa esa energía para conseguir tus metas.

PASO 9:
Utilizar un anclaje

- Como dijimos cuando hablábamos de la ira y del enfado, de lo que se trata es de **ganar confianza,** para lo cual ese gesto-anclaje te puede resultar de gran ayuda. Acompáñalo de una imagen que te transmita tranquilidad y seguridad, y pronuncia (o escribe) una **afirmación** que se relacione directamente con ese gesto. Hazlo siempre que te encuentres en una situación que te cause temor.

Esa frase deberá ser más o menos así:

YO, ______ (NOMBRE), SOY UNA ______ (MUJER, HOMBRE, CHICO, CHICA, JOVEN...) ________ Y ______ (DOS CUALIDADES-FORTALEZAS) QUE VA A VENCER SU MIEDO A ________ (NOMBRE DEL MIEDO) Y QUE LOGRARÁ ________ (NOMBRE DEL OBJETIVO A ALCANZAR).

Por ejemplo:

Yo, *María,* soy una *mujer fuerte* y *trabajadora* que va a vencer su miedo a *buscar trabajo* y que logrará *encontrar un buen empleo.*

Yo, *Jesús,* soy un *hombre positivo* y *divertido* que va a vencer su miedo a *hablar en público* y que logrará *hacerlo con éxito.*

4.ª PIEZA

Busca tu sentido vital

Durante los meses de confinamiento por la pandemia nuestra vida se paró en seco. Esto nos regaló un tiempo precioso para hacer un montón de cosas que teníamos pendientes, para pensar, para estar más en contacto con nosotros mismos, para reconocer nuestros valores y decidir qué queríamos cambiar.

Cierto que para muchas personas todos estos propósitos se quedaron en una mera reflexión y que no dieron lugar a ninguna decisión o cambio importante. Sin embargo, yo estoy convencida de que lo que llega a nuestras vidas lo hace por y para algo. Muchas veces me digo que esta situación excepcional que hemos vivido tiene **una misión, un para qué, un sentido.** Si volvemos a hacer las cosas de la misma manera y a cometer los mismos errores, si después de este año y medio de sufrimiento e incertidumbre no somos capaces de cambiar en el plano individual, poco podremos hacer en el plano global.

Si todos y cada uno de nosotros cambiamos algo, por pequeño que sea, ese cambio influirá en las personas que nos rodean, y se extenderá por todo el planeta. Como el aleteo de una mariposa que puede provocar un tsunami en la otra parte del mundo.

Todos tenemos una **responsabilidad,** y en este momento la más importante es hacer balance de qué hacíamos y a dónde nos llevaba nuestra vida anterior. Por eso es importante que conectes con tu esencia, que reconozcas para qué estás aquí, con qué fin, y averiguar qué es lo que puedes aportar y hacia dónde te tienes que dirigir para ser más feliz.

Somos muy pocos los afortunados que conectamos con nuestra labor en el día a día. A muchos les parecerá una quimera pretender ser felices en nuestro ámbito personal y profesional. Parece que solo a unos pocos nos ha tocado una varita mágica y que la gran mayoría sobrevive como puede. Esa mera supervivencia lleva a muchos a cumplir expectativas que en muchas ocasiones no son propias, a buscar el beneficio inmediato, a dejarse llevar sin saber si realmente es lo que quieren y a ponerse excusas bien justificadas a la hora de explicar por qué sus vidas son como son.

Los miedos, las etiquetas –puestas por uno mismo o por los demás– y las falsas creencias nos impiden conectar con nosotros mismos y con nuestras responsabilidades, y nos llevan a culpar a los demás, lo que no nos permite cambiar y mejorar nuestra vida.

Hace varios años, en una firma de libros en Zaragoza, el propietario de la librería me dijo que todos tenemos una misión, un sentido vital, aunque para llegar a él se requiere un gran esfuerzo e incluso, en ocasiones, soportar dolor.

¿Sabes cuál es tu propósito? ¿Sabes cuál es tu sentido vital? Muy pocos llegan a ser referentes mundiales, es decir, personas reconocidas por la sociedad en general, pero todos podemos serlo en nuestro entorno más cercano y, lo que es aún mejor, ser nuestro propio referente en nuestra relación con nosotros mismos.

Os contaré una anécdota personal. En alguna ocasión ya he relatado que no recuerdo cuándo decidí ser periodista, porque siempre estuvo en mí esa pasión. He sido siempre una niña curiosa a la que le gustaba observar. Nunca me ha dado miedo ponerme delante de la gente y protagonizar un baile o una obra de teatro. Cuando, en el colegio, teníamos que exponer un tema, era la primera en ofrecerme. Era algo innato en mí.

Siempre he hablado mucho. Recuerdo que me pasaba horas y horas castigada en el pasillo del colegio porque no paraba de darle a la lengua. Mi madre, cada vez que acudía a las famosas y temidas tutorías, recibía siempre el mismo mensaje: «Cristina habla mucho en clase, y no solo cuando se le pide, sino cuando no corresponde».

Sin embargo, cuando estudiaba periodismo, prefería situarme «en el otro lado». La radio me encantaba porque no me veían. Y cuando hice las prácticas en televisión, nunca quise estar delante de las cámaras. Eso se lo dejaba a las compañeras que disfrutaban con ello.

Años después, sin quererlo, me he encontrado delante de las cámaras en el programa más visto de las tardes desde hace doce años. Y, además, durante la pandemia decidí abrir esa ventana a los directos de Instagram, para poder ayudar y acompañar a todas esas personas que estaban perdidas y asustadas, para lo cual busqué la ayuda y la compañía de grandes profesionales del desarrollo personal.

Mi capacidad comunicativa se ha reflejado en mi trabajo de colaboradora, escritora, profesora... Pero esto solo es la parte visible de mi auténtica misión, mi motivación diaria, mi razón de ser. Y para encontrarla, para completar esa parcela que me permite levantarme

todos los días con energía y sentirme feliz y afortunada, tuve que recorrer mi propio camino y saltar numerosos obstáculos, y también fue necesario que una personita viniera a cumplir su propia misión.

¿Te has preguntado qué es lo que hace que te levantes todas las mañanas con ilusión y con una motivación? Si conectas con ese propósito, te aseguro que podrás llegar a ser la persona más feliz y realizada del mundo. Por desgracia, casi nunca tenemos tiempo ni ganas para pararnos a pensar en ello. Porque hay muchas necesidades urgentes que cubrir...

Pero ¿qué pasaría si todas esas capacidades estuvieran cubiertas, si fueras capaz de encontrar tu sentido vital?

En la década de los años cincuenta del siglo pasado, el psicólogo norteamericano Abraham Maslow (1908-1970) estudió a las personas maduras, realizadas y con éxito y se dio cuenta de que todos podíamos ser como ellas si superábamos una serie de obstáculos internos.

Así fue como elaboró la conocida como «pirámide de las necesidades de Maslow», según la cual lo primero que necesita satisfacer el ser humano es la comida y el agua, y después su vivienda y seguridad. Luego necesitará sentir que pertenece a algo y sentir la estima de las personas de su entorno, y, finalmente, trabajará en su autoestima y en su realización personal.

PIRÁMIDE DE MASLOW

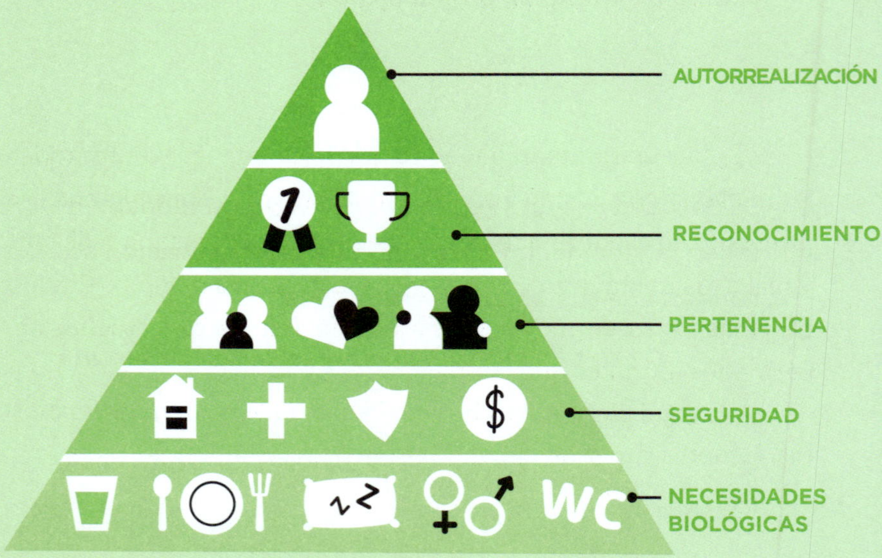

Maslow fue uno de los padres de la psicología humanística y sus investigaciones se centraron en el estudio de personas sanas, en lo que se conoce como «psicología positiva».

Más tarde llegó la explosión de la inteligencia emocional, liderada por el psicólogo y escritor Daniel Goleman y su *bestseller* titulado *Inteligencia emocional*. Fue Goleman quien expuso por primera vez la necesidad de desarrollar ese tipo de inteligencia, tanto en el ámbito privado como en el laboral, para tener una vida feliz. Posteriormente comenzó a sobresalir la inteligencia espiritual, que, como dice la *coach* Elisabeth Denton, «es el deseo básico de encontrar un sentido y un propósito fundamental en la propia existencia, además de tener una vida integrada».

Quizá haya llegado el momento de retomar este objetivo. En la esencia del ser humano está la semilla que nos llevará individualmente a una vida mejor y, por tanto, a un mayor bienestar general.

> **La búsqueda de un sentido es la motivación fundamental en la vida del hombre y no una racionalización secundaria de sus impulsos instintivos.**
>
> VIKTOR FRANKL, *El hombre en busca de sentido*

Pero ¿cómo buscamos nuestro sentido? ¿Hacia dónde debemos dirigirnos? ¿Cómo identificar el camino que proporcionará satisfacción y la verdadera felicidad?

Veamos algunos «viajes» concretos para ilustrar lo que quiero transmitir en este capítulo:

En primer lugar hablaré del autor de la cita anterior, el psiquiatra y filósofo Viktor Frankl (1905-1997), uno de los principales representantes del «análisis existencial» y padre fundador de la logoterapia, o búsqueda de significado vital. Frankl desarrolló su teoría a partir de sus experiencias como prisionero en diferentes campos de concentración durante la Segunda Guerra Mundial (fue el único que sobrevivió de toda su familia). En 1946 publicó *El hombre en busca de sentido,* donde relata no solo su calvario y el de sus compañeros de cautiverio, sino la vida que llevaron cuando fueron liberados.

Para Viktor Frankl, todas las personas podemos dar un sentido a nuestra vida independientemente de las circunstancias. Y esta búsqueda constituye la principal motivación del ser humano. Además, destaca la **libertad,** que nunca se nos puede arrebatar, porque **siempre podemos decidir qué actitud tomar ante la adversidad.**

El segundo viaje del que quiero hablar es el que el escritor y periodista Francesc Miralles, experto en psicología, hizo a Japón para visitar a su amigo, también escritor, Héctor García, autor de obras como *Un Geek en Japón* o *Ikigai. Los secretos de Japón para una vida larga y feliz* (escrito conjuntamente con Miralles), y referencia mundial en cultura popular japonesa.

Los dos amigos visitaron la isla de Okinawa, el lugar del mundo donde viven más personas centenarias. Así, en el poblado de Ogimi conocieron a decenas de personas ancianas (por encima de los cien años) que se mantenían activas y muy realizadas. Francesc y Héctor realizaron numerosas entrevistas dirigidas a averiguar cuál era el **secreto de la longevidad** de todos estos hombres y mujeres, y las conclusiones las publicaron en el ya mencionado *Ikigai. Los secretos de Japón para una vida larga y feliz.*

Por lo general, la larga vida de los japoneses se explica por la dieta y los cuidados de la piel (apenas se exponen al sol), pero existen otros elementos igualmente importantes: el **sentido de comunidad** que tienen y el esfuerzo que realizan por **estar ocupados** hasta el fin de sus días. De hecho, son muchos los japoneses que, además de su trabajo, tienen otra fuente de ingre-

sos que les «obliga» a permanecer activos con independencia de los años que tengan.

Hace varios años, durante el verano, viajé a Japón. Me fascinó no solo la belleza del país, sino, además, la amabilidad de sus gentes. Me llamó poderosamente la atención la cantidad de personas que vi que, pese a su avanzada edad (más allá de la de jubilación en nuestro país), realizaban trabajos en servicios públicos, como vigilantes en estaciones de trenes y de metro, o chóferes de autobuses y taxis. Sin duda, esta constante actividad podría ser una de las principales causas de la mayor longevidad de los nipones..., pero Francesc Miralles y Héctor García descubrieron que había algo más: el ***ikigai,*** palabra de difícil traducción *(iki* hace referencia a la vida, y *gai* significa «realización de lo que uno espera y desea») que conecta directamente con la misión vital, esa motivación que te da fuerzas para levantarte por las mañanas.

El *ikigai* pasa por identificar, en primer lugar, tus cualidades, aquello en lo que eres bueno y que, además, **aporta algo a tu entorno.** Así, para Francesc Miralles, realizar el *ikigai* «te da una mayor autoestima, sientes que tu presencia en el mundo está justificada y, por tanto, eres más feliz».

Pero ¿cómo puedes encontrar tu particular *ikigai?* ¿Cómo conectar con él para llevarlo a la práctica?

A continuación te propongo que pienses en los siguientes aspectos de tu vida:

- *Aquello que amas.*
- *Aquello que, en tu opinión, necesita el mundo.*
- *Aquello por lo que te pueden pagar.*
- *Aquello en lo que eres bueno.*

Ahora refleja tus respuestas en la siguiente herramienta con forma de flor.

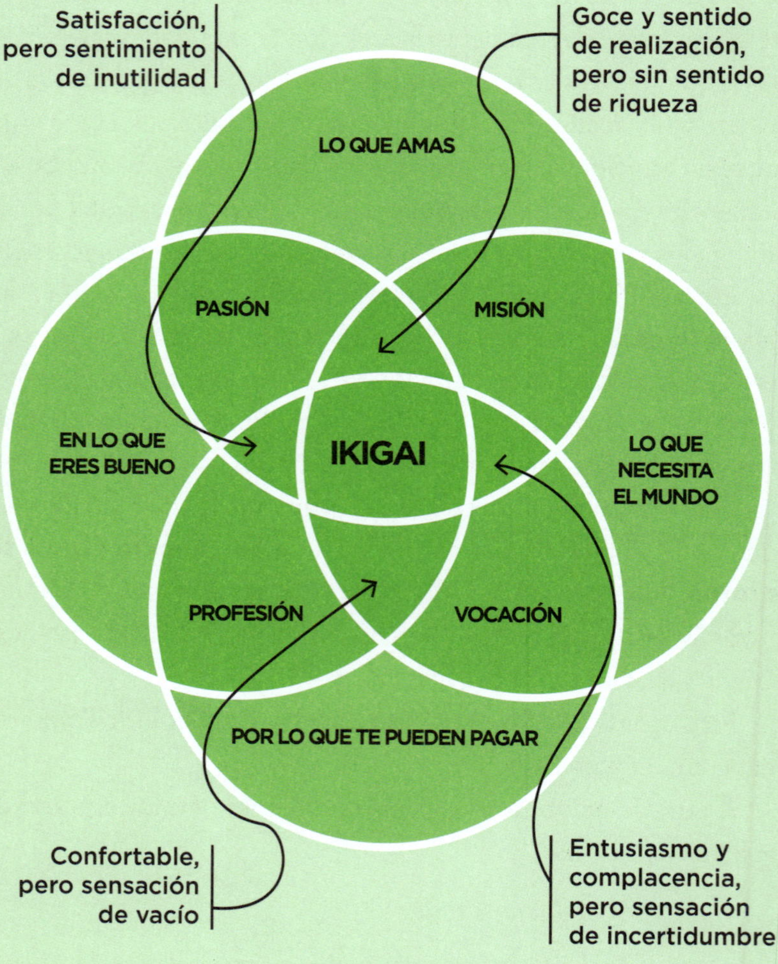

- Lo que AMAS + Lo que NECESITA el mundo te da TU MISIÓN.

- Lo que NECESITA el mundo + Por lo que te PUEDEN PAGAR forman TU VOCACIÓN.

- Por lo que te PUEDEN PAGAR + aquello En lo que ERES BUENO da lugar a TU PROFESIÓN.

- En lo que ERES BUENO + Lo que AMAS da lugar a TU PASIÓN.

- Si unes MISIÓN, VOCACIÓN, PROFESIÓN y PASIÓN, aparecerá tu IKIGAI.

Te aseguro que cuando des con tu *ikagai,* es decir, con ***tu misión-vocación, profesión-pasión,*** sentirás que te inunda una energía inagotable, serás capaz de disfrutar de todo lo que hagas y te parecerá que el tiempo no corre. En ese estado de *FLOW* (flotar), realizar las tareas que te propongas apenas te costará ningún esfuerzo, por lo que seguirás planteándote **metas y objetivos** que cumplir.

En los últimos años, yo he realizado en varias ocasiones mi ikigai. *Todos sabemos qué es lo que nos hace vibrar y qué nos deja totalmente indiferentes. Procuro mantenerme siempre fiel a mis valores, y aunque sé que soy afortunada por las oportunidades que me ha dado la vida últimamente, intento sentirme libre para elegir mi camino.*

Siempre que realizo mi ikigai, *llego a la misma conclusión:* ***Compartir y Ayudar son mis Razones de Ser.*** *Compartir y ayudar son mi* ikigai *particular. Necesito alimentar estas dos parcelas para sentirme realizada, aunque no haya beneficio económico. Por eso me involucro en proyectos sin ánimo de lucro, porque sé que pueden suponer el comienzo del camino de la esperanza para muchas personas.*

Ha llegado el momento de que tú también conectes con tu ikigai. *La vida te ha dado una nueva oportunidad para decidir hacia dónde quieres dirigirte y con qué finalidad.*

Todos hemos recibido un toque de atención, muchos hemos perdido a seres queridos, hemos descubierto lo que significa estar aislados, no poder abrazarnos, no poder salir, no poder relacionarnos con los demás... Hemos vivido en la incertidumbre durante muchos meses y sabemos que una situación similar podría volver a ocurrir. Se ha demostrado que el ser humano no es intocable, a pesar de todos los avances y de toda la tecnología, pero todos hemos sido conscientes de nuestra vulnerabilidad y de nuestra fuerza. Depende de nosotros la actitud con la que afrontaremos tanto la adversidad como el día a día.

No quiero terminar esta parada sin exponer el decálogo y el **Plan de Acción** que Héctor García y Francesc Miralles redactaron tras sus cientos de entrevistas en Japón.

1. *Mantente siempre activo.*
2. *Tómatelo con calma.*
3. *No comas hasta llenarte.*
4. *Rodéate de buenos amigos.*
5. *Ponte en forma para tu próximo cumpleaños.*
6. *Sonríe.*
7. *Reconecta con la naturaleza.*
8. *Da las gracias.*
9. *Vive el momento.*
10. *Sigue tu* ikigai.

Te habrás dado cuenta de que muchos de estos puntos conectan con las próximas piezas. Así que vayamos a por ellas...

5.ª PIEZA

Enfócate en una nueva meta

Nos pasamos la vida mirando atrás, con nostalgia y resignación, pero deberíamos hacerlo con la satisfacción de haber superado etapas, sabiendo qué es lo que queremos en nuestra vida y lo que queremos eliminar de ella, y con el reconocimiento de que algo tiene que cambiar.

No es tarea fácil reconocer nuestro *ikigai*. Posiblemente, nos pondremos excusas de peso para no cumplir con él, pero, una vez identificada nuestra misión vital, podremos mirar al futuro de manera coherente, atendiendo a nuestros valores y con la esperanza de que, finalmente, seremos capaces de hallar nuestro bienestar.

> Si no cambiamos de rumbo es probable que terminemos en el mismo sitio hacia el cual nos dirigimos.
>
> JOHN WHITMORE

Algo parecido decía Albert Einstein: «Locura es hacer siempre lo mismo y esperar resultados diferentes». Nos encontramos en un momento clave y no tenemos más remedio que movernos, salir del letargo y la parálisis en los que hemos vivido hasta ahora. Ha quedado demostrado que las expectativas, los sueños y el devenir de nuestra vida pueden cambiar de un momento a otro, por lo que tenemos que estar preparados para crear nuevas metas e ilusiones. Las razones de cada persona serán diferentes, pero para todos ha llegado el momento de ponerse en marcha y cumplir con nuestro sentido vital.

Es cierto que, como dice mi querido Rubén Turienzo, consultor internacional, escritor y reconocido *speaker,* ojalá fuésemos capaces de actuar y transformar nuestras vidas sin necesidad de tocar fondo, sin tener que pasar por una situación de dolor y desconcierto. Ojalá las nuevas metas surgieran de decisiones individuales. Pero no. Está claro que somos comodones y que preferimos mantenernos en nuestra zona de confort, aunque eso signifique vivir alejados de nuestro *ikigai.*

Lo que hemos vivido en el último año y medio nos demuestra que **tenemos que entrenar nuestra capacidad de adaptación** en tiempo récord, porque las cosas no permanecen inalterables y quienes estén mejor preparados para afrontar los retos serán quienes mejor sobrevivan.

Así que te toca despertar. Sí, me dirijo a ti, que has sufrido mucho en este tiempo, que te has quejado y te has sentido víctima de las circunstancias. Entiendo lo que has sentido y sé que no estaba en tu mano hallar soluciones. Pero no puedes seguir esperando de brazos cruzados a que alguien te diga qué debes hacer. No eres responsable de lo ocurrido durante la pandemia, pero sí lo eres —al menos de una parte importante, la que se refiere a ti mismo— de lo que te puede suceder a partir de ahora.

Como bien señala Rubén Turienzo, uno de los principales problemas que tenemos para organizar y afrontar nuestra vida es lo mucho que nos cuesta plantear nuevos objetivos e ir a por ellos.

De hecho, según sus estudios, el 78,2 % de las personas abandonan los «objetivos de año nuevo» en los primeros quince días. ¿Por qué actuamos así? ¿Por qué abandonamos cuando apenas hemos empezado a actuar?

Turienzo, que lleva años ayudando a otros a alcanzar sus metas, aconseja que los nuevos retos los planteemos cuando estemos sosegados emocionalmente y reconozcamos que, en efecto, se trata de un objetivo propio y personal, no producto de las presiones y las expectativas del entorno.

> **Cuando lo deseo, tengo un mejor desempeño que cuando sé que es una obligación. Porque el deseo es mío.**
>
> JOHN WHITMORE

Por tanto:

1. *Busca tu propia meta, no la de los demás.*
2. *Hazlo cuando estés sereno emocionalmente.*
3. *Antes de trabajar en ese nuevo objetivo, averigua si hay otras necesidades que son prioritarias.*

Ya sea por obligación, por necesidad o por un deseo personal, si te planteas una meta, medítala bien, porque solo así, mirando dentro de ti, evitarás caer en el abandono, la decepción y la frustración.

Sea cual sea la meta que elijas, tendrá que motivarte lo suficiente como para convertirse en tu razón de ser diaria. Esa meta deberá cumplir una serie de requisitos y pasar por una serie de etapas que podríamos resumir en cuatro: *Goal* (meta), *Reality* (realidad), *Options* (opciones) y *WH-questions* (preguntas clave):

- ***Goal*** (meta u objetivo): establece tu meta a corto y largo plazo.
- ***Reality*** (realidad): explora y analiza la situación presente.
- ***Options*** (opciones): contempla y valora las opciones y las estrategias alternativas.
- ***WH-questions:*** *qué* vas a hacer, *cuándo* vas a hacerlo, *quién* lo hará y *cuál* es tu voluntad para hacerlo.

A la hora de elegir, identificar y evaluar las metas, en *coaching* usamos tres adjetivos (en inglés) que nos sirven de guía:

1.° *SMART:*

- **Específicas** *(**S**pecific)*. Define tu objetivo de la manera más clara y específica posible.
- **Medibles** *(**M**easurable)*. Busca una meta que puedas medir para saber si, según pasan los días, te vas acercando a ella.
- **Concertadas** *(**A**gree)*.
- **Realistas** *(**R**ealistic)*. Debe ser una meta real. No olvides que hay una enorme diferencia entre una meta y un sueño.
- **Planeadas por etapas** *(**T**ime phased)*. Divide tu meta en diferentes etapas que irás superando hasta alcanzar el objetivo final.

2.° *PURE:*

- **Enunciadas positivamente** *(**P**ositive).*
- **Comprendidas** *(**U**nderstood).*
- **Pertinentes** *(**R**elevant).*
- **Éticas** *(**E**thical).*

3.° *CLEAR:*

- **Desafiantes** *(**C**hallenging).*
- **Legales** *(**L**egal).*
- **Inofensivas para el medio ambiente** *(**E**nviorementally sound).*
- **Apropiadas** *(**A**ppropiate).*
- **Registradas** *(**R**ecorded).*

Si la meta que te planteas no es **realista,** no llegarás a alcanzarla. Por ejemplo, si en este momento de mi vida me planteo ser astronauta me estaré equivocando de camino porque, ni por formación ni por edad, semejante objetivo está a mi alcance. Es decir, será una meta no realista.

El objetivo, además, debe suponer un **desafío,** porque solo así comenzarás a recorrer un **camino de superación y de motivación personal.** Al mismo tiempo, es importante que fijes diferentes etapas, porque ya sabemos que comerse la tarta de un solo bocado no es posible.

Y, por último, quiero destacar la importancia que tiene **definir tus nuevas metas de manera positiva.** Por ejemplo, si a la hora de describir mi objetivo digo: *Mi objetivo es no tener miedo a conducir,* mi cerebro se quedará con la idea *miedo a conducir* y me sentiré paralizada. Sin embargo, si digo: *Quiero disfrutar de* *la conducción de mi coche*, el verbo *disfrutar* será el que se quede registrado en el cerebro.

> *Cuando elijas una nueva meta, debes emocionarte cuando te visualices alcanzándola, debes sentirte empoderado y debes sentir un placentero pellizco en el estómago. Si no es así, tarde o temprano abandonarás.*

Ahora que sabes hacia dónde quieres dirigirte, te voy a pedir que saques tu faceta más artística. Haz un dibujo a color (el cerebro retiene mucho más las imágenes a color) que sea o que represente aquello que deseas alcanzar.

A continuación **escribe una frase** que resuma tu meta como si ya la hubieras conseguido. Cuando te levantes por las mañanas, observa el dibujo y lee la frase varias veces seguidas. De ese modo te estarás preparando para poner en marcha tu **«PLAN DE ACCIÓN».**

____

____

Es fundamental que en ese ejercicio de expresión y visualización de tu nueva meta esta conecte con el hemisferio derecho del cerebro, encargado de generar **dopamina, serotonina y endorfinas.** Estas son las hormonas de la felicidad, las que nos mantienen motivados y dispuestos a seguir avanzando.

- La **dopamina** tiene un gran protagonismo cuando hablamos de la consecución de objetivos. Es un neurotransmisor que interviene en la **motivación** y en el deseo de alcanzar una meta. Además, hace que nos mantengamos en el camino, aunque los resultados no sean todo lo satisfactorios que esperábamos. También interviene en el proceso de aprendizaje, fundamental en esta nueva situación, porque vamos a enfrentarnos y a afrontar situaciones nuevas de las que tenemos que sacar lecciones.

  Para generar dopamina es importante que conectes con el ***PARA QUÉ*** te has propuesto una nueva meta. También es recomendable realizar ejercicio físico, meditar y trabajar el agradecimiento (en otras paradas hablaremos de ello).

- La **serotonina** es la responsable de mantener el **equilibrio en el estado de ánimo.** También se la conoce como la hormona de la felicidad, porque aporta serenidad, equilibrio y bienestar. Curiosamente, este neurotransmisor solo lo produce el cerebro en un 5 %, mientras que el 95 % restante se genera en el intestino delgado. Para fabricar serotonina es recomendable practicar ejercicio aeróbico, yoga, mirar los aspectos positivos de cualquier experiencia, reír, realizar actividades nuevas, tomar el sol e ingerir alimentos ricos en triptófano, como plátanos, dátiles, cereales integrales o chocolate puro.

- Las **endorfinas** son fundamentales para mantener bien alta la **motivación.** También en este caso se recomienda hacer ejercicio, reír y visualizar escenas en las que nos veamos a nosotros mismos alcanzando nuestro nuevo objetivo.

Sé que posiblemente encuentres resistencia dentro de ti. A fin de cuentas, tú no has elegido plantearte un nuevo objetivo, no lo has hecho ni por ganas ni por deseo de superación. Pero no te queda otra, porque eres una de las muchas personas que, después de todos estos meses de espera, te das cuenta de que no puedes continuar de la misma manera. Te sientes víctima de la situación, consideras que los responsables no han gestionado lo ocurrido como correspondía, que has sido abandonado y olvidado por el sistema... Seguramente tienes razón, pero hay algo que depende solo de ti: **MOVERTE.**

Ha llegado el momento de entrenarte para convertirte en alguien proactivo, en alguien que trabaje su capacidad de resiliencia y que adquiera herramientas y estrategias para afrontar su propia vida.

Las cosas han cambiado radicalmente y, en este sentido, coincido con Rubén Turienzo en que es sumamente importante que nos reconciliemos y negociemos con nuestro **YO DEL PASADO.** El nuevo que está por llegar ha de plantearse nuevas metas y nuevos objetivos, y esto implica renunciar a parte de los hábitos y de las rutinas que estaban instaurados.

Por ello deberás **perdonar** a tu antiguo yo, por dudar tanto de ti mismo, por victimizarte y no saber hacia dónde ir. Después deberás negociar con él, porque tus nuevos objetivos implican **una nueva forma de actuar.** Obviamente, de la noche a la mañana no podemos cambiar todo lo que éramos, pero sí eliminar ciertas costumbres que te obstaculizan y sabotean tus planes.

Por ejemplo, yo, en mi nueva meta, quiero descansar más horas. Mi **YO ANTERIOR** estaba siempre activo, pero el nuevo debe cuidarse más. Prescindir de mi vida social es una tarea imposible, pero sí puedo quedar con mis amigos y compañeros de trabajo los jueves y los fines de semana.

También deberás tener en cuenta el escenario que te rodea, es decir, ¿a qué te enfrentas? Y no solo en el exterior, sino **dentro de ti mismo.** Para ello crearemos un **DAFO (Debilidades, Amenazas, Fortalezas y Oportunidades).**

Contesta sinceramente a las siguientes preguntas:

- *¿Qué aspectos internos te pueden alejar de tu nueva meta? ¿Qué debilidades te pueden perjudicar para conseguir tu objetivo?*
- *¿Qué aspectos externos suponen una amenaza para el cambio?*
- *¿Qué fortalezas te pueden ayudar a conseguirlo?*
- *¿Qué oportunidades existen para conseguir tu objetivo?*

DEBILIDADES	**AMENAZAS**
¿Qué debes mejorar? ______________________ ______________________ ______________________	*¿A qué obstáculos te enfrentas?* ______________________ ______________________ ______________________
¿Qué desventajas tienes en comparación con otras personas? ______________________ ______________________ ______________________	*¿Qué hacen los demás en la misma situación?* ______________________ ______________________ ______________________
¿Qué haces de manera incorrecta? ______________________ ______________________ ______________________	*¿Qué te puede frenar?* ______________________ ______________________ ______________________

DEBILIDADES

¿Qué debes evitar?

____

____

____

AMENAZAS

¿Qué debes fomentar?

____

____

____

FORTALEZAS

¿Qué cualidades tienes que te pueden ayudar?

____

____

____

¿Qué conocimientos tienes que te benefician?

____

____

____

¿Qué rasgos de tu personalidad te pueden ayudar?

____

____

____

OPORTUNIDADES

¿Qué circunstancias exteriores te benefician?

____

____

____

¿Qué tendencias actuales te ayudan?

____

____

____

¿Qué coyuntura exterior te beneficia?

____

____

____

Si las debilidades tienen mucho peso y las amenazas superan a las oportunidades, lo más seguro es que no puedas avanzar. Por tanto, el siguiente paso será mirar estos dos aspectos desde otra perspectiva:

- ***Si no actuaras de manera incorrecta, ¿qué serías capaz de hacer?***

  ____

  ____

  ____

- ***¿Cómo afrontarías esta meta si no contaras con esas desventajas frente a los demás?***

  ____

  ____

  ____

- ***Si no tuvieras esos aspectos que mejorar, ¿dónde llegarías?***

  ____

  ____

  ____

- ***¿Quién o quiénes te pueden ayudar a afrontar esos obstáculos?***

  ____

  ____

  ____

- ***¿Con quién puedes contar para superar tus obstáculos?***

____

____

____

- ***Piensa en alguien a quien admires por haber logrado superarse. ¿Qué puedes hacer tú que se parezca a lo que ha logrado esa persona?***

____

____

____

Y ahora, ponte manos a la obra. Lo primero será elaborar tu **PLAN DE ACCIÓN** (ya dividido en pequeñas metas):

- ***Concreta cuáles son las fortalezas*** que te van a ayudar y explica de qué manera vas a ponerlas al servicio de este objetivo.
- ***Concreta cuáles son tus principales debilidades*** y a qué personas vas a recurrir para eliminarlas.
- ***Concreta los pequeños actos*** que vas a realizar para superar cada una de las etapas que te has propuesto.

OBJETIVO:	FECHA DE OBTENCIÓN:
ETAPAS DEL OBJETIVO	FECHA DE CADA ETAPA

RECURSOS CON LOS QUE CUENTAS

RECURSOS QUE NECESITAS

PERSONAS A LAS QUE VAS A RECURRIR

SITUACIONES EXTERNAS QUE VAS A BUSCAR

Ten siempre cerca tu **PLAN DE ACCIÓN** y revísalo con frecuencia. Recuerda que la solución la tienes tú. Porque solo tú eres el protagonista de tu nueva vida.

6.ª PIEZA

Haz de tu cerebro un amigo

Las batallas no siempre las vencen quienes disponen del mejor armamento; los partidos de fútbol no siempre los ganan los que tienen a los mejores jugadores; los obstáculos no siempre los superan quienes tienen a su alcance la mejor tecnología. Es cierto que si tenemos talento, si disponemos de recursos, si hemos investigado, entrenado y visto oportunidades, tendremos más posibilidades de salir campeones. Pero el que siempre gana es el que está mejor ***preparado mentalmente.***

En mi trabajo como *coach* ayudo a personas que se preparan para pruebas físicas complicadas. Obviamente, el entrenamiento físico es fundamental (trabajar el cuerpo, llevar una dieta adecuada, etc.), porque preparar la «materia prima» es imprescindible. Ahora bien, después de todos estos años de experiencia, puedo asegurar que el que triunfa es el que más preparado está psicológicamente hablando. Es decir, el que mejor «entrena» su cerebro.

Tenemos un ejemplo claro en el tenista Rafael Nadal. Sin duda, está preparado como nadie físicamente y su talento es envidiable. Aun así, la clave de su éxito —y lleva quince años entre los primeros del mundo— es su fuerza mental. Todos hemos visto cómo Rafa Nadal es capaz de mantenerse concentrado y remontar puntos imposibles y, de hecho, los peores momentos de su carrera siempre han coincidido con lesiones o con situaciones personales complicadas, como cuando sus padres estuvieron separados temporalmente.

Así pues, trabajar a fondo nuestros pensamientos y nuestra actitud es lo que garantiza el éxito en cualquier faceta de nuestra vida.

Durante los meses de pandemia hemos comprobado que nuestro cerebro ha sido o bien nuestro mejor aliado o bien nuestro peor enemigo y hemos visto cómo las personas mejor preparadas mentalmente han tenido más posibilidades de sobrevivir y de hacerlo con más calidad de vida.

TRANSFORMA TUS PENSAMIENTOS

Nuestros pensamientos se generan en nuestro cerebro, un órgano que, aun representando solo el 2 % de nuestro cuerpo, consume el 20 % de nuestra energía. Todos contamos con un «cerebro animal», que es el que nos ha permitido sobrevivir a lo largo de los años. Su protección se basa en el miedo, en la lucha, en la alimentación y en la procreación. No entiende de felicidad ni de amor, porque su objetivo es la supervivencia. Por ello podemos decir que genera más pensamientos negativos, porque con ellos se mantiene alerta y nos avisa y nos prepara para cuando estemos en peligro.

Desde que nos levantamos nuestro cerebro no para de «fabricar» pensamientos que nos llevan a recordar lo que pasó en algún momento y que nos hacen anticiparnos a lo que puede suceder. ¿De dónde surgen nuestros pensamientos? ¿Qué hace que unas personas tengan más pensamientos negativos que otras?

Antes de seguir adelante es importante volver a subrayar que en nuestro **cerebro emocional** (contamos con un cerebro reptiliano, uno emocional y otro racional) se encuentra la **amígdala** (son dos pequeñas almendras), que nos advierte de los peligros porque en ella se quedan registradas las experiencias que nos causaron daño. Así que, por naturaleza, somos mal pensados y desconfiamos de los demás. Hasta que no comprobamos que todo está bien, nuestro cerebro no nos permite relajarnos.

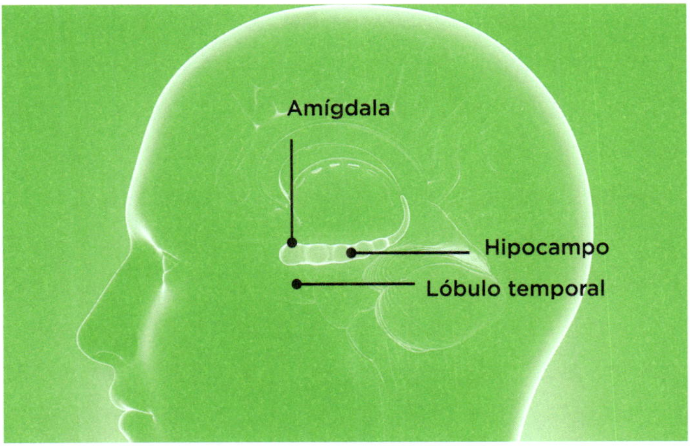

El neurólogo y escritor Joe Dispenza nos explica en su libro *Deja de ser tú. La mente crea la realidad* cómo funciona nuestro cerebro:

> Cuando experimentamos una situación, el cerebro recibe la información del exterior a través de nuestros cinco sentidos. La información llega al cerebro y es entonces cuando se crean unas redes neuronales con una estructura particular que reflejan lo que ha ocurrido. En ese momento estas células nerviosas se conectan y el cerebro libera unas sustancias químicas, produciéndose la emoción o el sentimiento. Cuando estas emociones inundan nuestro cuerpo, se detecta un cambio en nuestro estado interior. Es en este momento cuando te fijas en la situación, persona o cosa que lo ha causado. Y cuando te identificas con aquello del mundo exterior que ha causado el cambio interior, lo llamamos recuerdo.

Cuando vivimos un momento de **alta carga emocional,** lo normal es que posteriormente tengamos pensamientos sobre este episodio. Y esos pensamientos se convertirán en recuerdos que reproducen la emoción, de modo que, si seguimos pensando de la misma manera, el pensamiento, el recuerdo y la emoción se fusionarán en una sola cosa, y lo que «memorizaremos» será la emoción.

Los seres humanos somos capaces de revivir un episodio del pasado millones de veces a lo largo de nuestra vida. Esa **repetición** inconsciente es la que habitúa al cuerpo a recordar ese estado emocional, igual e incluso mejor de lo que lo recuerda la mente consciente. Cuando el cuerpo lo recuerda mejor que la mente lo llamamos **hábito**.

Seguro que puedes recordar una situación que te dejó marcado por su enorme ***carga emocional.*** *Si vas a ese recuerdo, serás capaz de sentir las mismas emociones y la misma reacción corporal que cuando sucedió.*

El pensamiento es el lenguaje del cerebro y los sentimientos son el lenguaje del cuerpo. Durante el día podemos tener miles de pensamientos. Según nuestra personalidad y experiencia, pueden primar más los negativos que los positivos e incluso en los malos días podemos llegar a tener un 90 % de pensamientos negativos o limitantes.

Ahora bien, de todo eso negativo que pensamos y que nos condiciona solo un 10 % llega a cumplirse, a no ser que nos empeñemos —muchas veces de manera inconsciente— en hacer realidad lo que creíamos o anticipábamos. Es decir, a no ser que se cumpla la llamada **«profecía autocumplida».**

Seguramente te ha ocurrido en alguna ocasión que algo malo que pensabas que iba a ocurrir finalmente se ha hecho realidad, ya sea en el ámbito laboral o en el familiar y personal. Cuando eso sucede, lo habitual es decir eso de «ya lo sabía», reafirmando así la idea de que te acompaña la mala suerte. Sin embargo, lo que ha ocurrido es que has proyectado tu parte oscura, tus pensamientos negativos, y de manera inconsciente has trabajado para que suceda.

En física cuántica, el efecto del observador afirma que «allí donde ponemos la atención, ponemos la energía». Así que si piensas que algo malo te va a pasar, que no te mereces ser feliz, que no puedes conseguir algo que deseas, en efecto así será, porque estarás usando tu energía para limitarte.

*Cada vez que tienes un pensamiento se produce una **reacción bioquímica en el cerebro** que genera determinadas sustancias químicas. Cuando el cuerpo recibe estos mensajes, responde activando una serie de reacciones. Y el cuerpo envía un mensaje al cerebro confirmando que «siente» cómo piensa el cerebro.*

A lo largo de nuestra vida hemos ido recibiendo una gran información que con el paso del tiempo ha ido tomando la forma de conocimientos y experiencias, que quedan almacenados en las **conexiones sinápticas** del cerebro, es decir, en las conexiones neuronales, cuyas funciones son recabar, procesar y enviar la información a través de impulsos eléctricos.

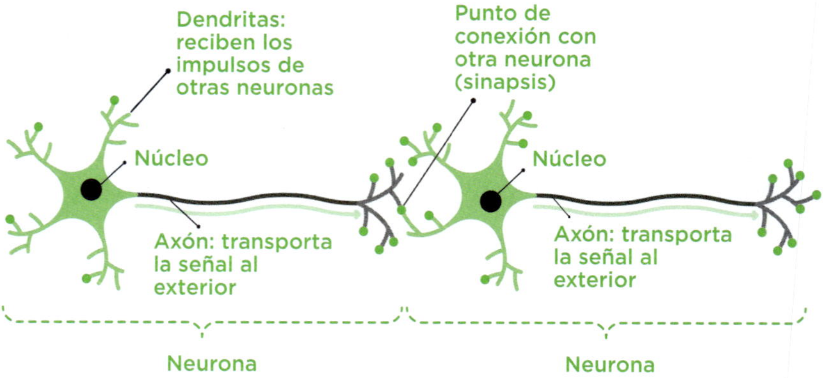

Las neuronas están formadas por dendritas, soma, axón, mielina y las terminaciones axónicas.

- Las **dendritas** son la prolongación de la neurona y a través de ella reciben la información que viene de otra neurona.
- El **soma** es la parte principal de la neurona, su núcleo.
- El **axón** es una fibra nerviosa por la que se envían los impulsos eléctricos a otra neurona.
- La **mielina** es la sustancia que cubre el axón y que permite transmitir la información de una neurona a otra.
- Las **terminaciones axónicas** son unas vesículas sinápticas a las que llega el impulso eléctrico; desde allí va a otra neurona.

Cada neurona se comunica, al menos, con otras mil neuronas y puede recibir, simultáneamente, hasta diez veces más conexiones de otras neuronas. Se estima que en el cerebro humano adulto hay por lo menos 10^{14} conexiones sinápticas (aproximadamente, entre cien y quinientos billones).

La transmisión de los impulsos nerviosos entre dos neuronas tiene lugar en la conexión entre ambas, llamada sinapsis, que se establece normalmente entre la parte terminal de un axón y el cuerpo o las dendritas de otra neurona.

Cuando conectamos las neuronas una y otra vez dan lugar al mismo pensamiento, emoción y comportamiento. Crean de manera automática su propia red neuronal, por lo que, cuando vivamos un episodio parecido al que creó esa red neuronal, se producirá la misma reacción, debido a que se pondrán en funcionamiento el mismo grupo de neuronas que estarán conectadas entre sí.

Imagina por un momento que hace tiempo tuviste una entrevista de trabajo y que no te seleccionaron. Eso produjo en ti un gran dolor porque tenías la esperanza de que ese puesto fuera para ti. Al no conseguirlo, sentiste tristeza, frustración, enfado y te consideraste culpable por ello. «No soy suficientemente buena», te dijiste. La persona que te entrevistó llevaba gafas de pasta negra, iba con traje y tenía el pelo engominado. Durante la entrevista no te sentiste cómoda, estabas nerviosa y dudabas ante las preguntas.

Ha pasado tiempo desde entonces, pero te encuentras de nuevo en una entrevista de trabajo. El pensamiento de entonces —«No soy suficientemente buena»— aparece, y también los nervios y las dudas. Cuando entras en la sala para hacer la entrevista, la persona que te recibe lleva gafas de pasta negra y el pelo engominado. ¿Cómo crees que reaccionarán tus neuronas? ¡Bingo! Volverás a conectarte con las emociones, los sentimientos y la actitud de la vez anterior.

Ya dijimos que, cuando te propones una nueva meta, lo más importante es conectar con la emoción, es decir, realizar acciones que, por medio de los neurotransmisores, te hagan sentir empoderada y enfocada en lo que deseas.

Seguro que cuando realizaste el **DAFO** (véanse las páginas 101-105), entre tus debilidades estaban los mensajes autodestructivos y saboteadores que tú misma te envías. Porque lo cierto es que no estamos acostumbrados ni a recibir ni a transmitir mensajes positivos y que nos refuercen.

Por lo general, casi todos estamos más pendientes de corregir nuestros fallos que de potenciar nuestras fortalezas. Lo vemos desde la más tierna infancia, cuando en casa y en el colegio se encargaban de decirnos permanentemente lo que no se nos daba bien, destacando nuestros defectos o castigándonos por no hacer las cosas como otros esperaban.

Aunque los padres y las madres nos esforcemos por **reforzar de manera positiva** los primeros avances de nuestros hijos cuando tienen dos o tres años, pronto comenzamos a lanzar mensajes limitantes. Por supuesto, no se hace con mala intención, pero encierran un peligro enorme a la hora de crecer y ganar en confianza.

«Yo siempre he sido un desastre», «Ya me lo decían en el colegio, nunca he sido buena con los números», «Mi hijo siempre ha sido muy tímido»... Frases como estas hacen que los pequeños adquieran desde muy pronto una serie de condicionamientos que se irán fijando en su inconsciente.

Para ilustrar lo que estoy exponiendo te voy a contar una anécdota. En cierta ocasión, una niña de unos siete años que siempre estaba feliz y risueña comenzó a cargar con la etiqueta de «loca» que le pusieron sus compañeros en el colegio. Ella se divertía y quería divertir a los demás. Se le ocurrían mil historias porque su mente era sumamente creativa. Sin embargo, en el colegio no paraba de escuchar «estás loca», «estás como una cabra», hasta el punto de que ella misma se definía así. Un día, una persona adulta que escuchó a la pequeña tratándose de loca le dijo: «Ni eres, ni estás loca. Eres una niña feliz. Si tú misma te consideras loca, tus compañeros te seguirán viendo así y de mayor nadie te tomará en serio. No lo olvides nunca».

Ten en cuenta que, según sea lo que pienses, según sean tus pensamientos, tu cuerpo lo reflejará de una u otra manera. Por ejemplo, si piensas que la entrevista de trabajo que vas a realizar próximamente te saldrá bien, porque tienes las capacidades y la experiencia necesarias, te sentirás empoderada y te mostrarás segura, tranquila y feliz, y tu cuerpo adquirirá una **postura de apertura.**

Si, por el contrario, tu pensamiento principal es que no eres lo suficientemente buena, te sentirás insegura, se te secará la boca durante la entrevista, apenas te saldrá un tono de voz audible, te temblarán las manos y las piernas y tu **postura corporal será de cierre.**

Cada pensamiento que elabora tu cerebro es una nueva pequeña estructura neuronal con la que puedes cambiar las creencias que siempre te han acompañado. Esto se denomina **neuroplasticidad cerebral,** una cualidad que todos debemos entrenar.

Pero ¿cómo se trabaja la neuroplasticidad? ¿Cómo puedes cambiar los pensamientos negativos, que lo único que consiguen es dejarte inmóvil en tu zona de confort, y sustituirlos por esos pensamientos positivos que te permitirán alcanzar tus metas?

Cuando planifiques tu meta, establezcas tu plan de acción y te pongas manos a la obra, ten por seguro que en un primer momento aparecerá tu «juez» interno, ese que te dice si eres capaz o no de seguir adelante e incluso si te mereces llegar al final o no. Y, por lo general, ese juez suele ser muy severo...

Por tanto, quita el disco rayado que te dice lo que no puedes hacer y ***escucha tu voz interior,*** *que ahora te está diciendo que tienes la capacidad y la fuerza necesarias para alcanzar lo que te propongas.*

Tanto si te planteas un objetivo concreto como si lo que buscas es cambiar tu actitud y tu manera de sentir y afrontar las situaciones desagradables, graba tu propio discurso positivo en tu mente. Para ayudarte, te propongo que lleves una agenda que recoja lo que logras diariamente.

LUNES	*Hoy he conseguido* ______________________
MARTES	*Hoy he conseguido* ______________________
MIÉRCOLES	*Hoy he conseguido* ______________________

JUEVES	*Hoy he conseguido* ________________________________
VIERNES	*Hoy he conseguido* ________________________________
SÁBADO	*Hoy he conseguido* ________________________________
DOMINGO	*Hoy he conseguido* ________________________________

Lleva un **registro de los pensamientos** que inundan tu cabeza desde que te levantas hasta que te acuestas. De esta manera verás si abundan más los positivos o los negativos, si se acercan más a la esperanza y a la confianza o al miedo y a la frustración.

Observa cómo **reacciona tu cuerpo** ante cada uno de esos pensamientos:

PENSAMIENTO	EMOCIÓN	REFLEJO EN EL CUERPO	ACTUACIÓN

Una vez que identifiques los pensamientos, **busca su origen,** es decir, averigua de dónde vienen: una experiencia del pasado, una percepción de algo que crees que va a ocurrir, si está relacionado con algo que te dijeron (creencia, etiqueta), etc.

PENSAMIENTO	EXPERIENCIA	ETIQUETA	CREENCIA

¡Ya has puesto en marcha el proceso de cambio que te llevará a hacer de tu cerebro un amigo!

Recuerda que cuando escribas los pensamientos y su origen, la conciencia de ellos va a aumentar y te darás cuenta de que muchos son recurrentes. Transformarlos no es ni mucho menos una tarea sencilla. Se trata de un trabajo que requiere **constancia y paciencia.**

El siguiente paso que te propongo que hagas es que identifiques cuál es el /los pensamiento/s que quieres cambiar para mantener un diálogo contigo mismo más productivo y menos saboteador. Una vez identificado, sustitúyelo por el nuevo pensamiento que te ayudará a transformar tu actitud negativa y a alcanzar tu objetivo.

PENSAMIENTO ACTUAL	PENSAMIENTO NUEVO
1. ______	1. ______
2. ______	2. ______
3. ______	3. ______
4. ______	4. ______
5. ______	5. ______

ACTITUD ACTUAL	ACTITUD NUEVA
1. ______	1. ______
2. ______	2. ______
3. ______	3. ______
4. ______	4. ______
5. ______	5. ______

Cuando el pensamiento actual negativo y saboteador quiera aparecer, coge la libreta en la que has anotado cuál es el pensamiento nuevo que buscas y reprodúcelo interiormente. Si puedes hacerlo en voz alta, frente al espejo y con una postura corporal firme, mucho mejor. Y lo mismo cuando se trate de modificar una actitud. Repite en voz alta cómo quieres comportarte y sentirte en el momento en el que aparece un obstáculo.

Para que el nuevo pensamiento se quede fijado en la mente es necesario que pase cierto tiempo. Ten en cuenta que la tendencia natural del ser humano es ir corriendo hacia el pensamiento saboteador, por lo que, cuando esto ocurra, no te rindas y vuelve a recuperar el pensamiento positivo y la actitud que te empodera.

Seguidamente, hazte esta pregunta:

¿Por qué he creado ese nuevo pensamiento y esa nueva actitud?

Imagina que tienes que realizar una presentación en tu trabajo, que tienes una entrevista o una cita con una persona que te gusta. El pensamiento antiguo diría: «Lo voy a hacer fatal», «Estoy muy nerviosa y me va a salir mal», «No le voy a gustar, seguro que no vuelve a llamarme»...

El nuevo pensamiento que hemos elegido dirá: «Voy a hacer bien la presentación», «Estoy tranquila y me va a salir bien la entrevista», «Le voy a gustar y me volverá a llamar»... Pero para que este pensamiento nuevo quede fijado en tu cerebro, tendrás que buscar tus propias explicaciones de por qué va a ser así, por qué las cosas te van a salir bien. Y para ello debes preguntarte **¿por qué?**

- *¿Por qué* me va a salir bien la presentación?
- *¿Por qué* voy a estar tranquila y me va a salir perfecta la entrevista?
- *¿Por qué* le voy a gustar?
- *¿Por qué* me va a seguir llamando?

De esta manera obligas (luego saldrá de manera automática) a tu cerebro a **justificar ese nuevo pensamiento en positivo.** Al abrir esta pequeña oportunidad, el cerebro, que no distingue entre realidad y ficción, dejará de dudar y creerá que es posible.

Así, sin resistencia, **tu esquema de pensamientos y creencias** irá cambiando, y los mensajes que tu cerebro envía a tu cuerpo te generarán bienestar y confianza. De este modo, tus emociones, tu corporalidad y tu actitud también se modificarán en positivo.

Para transformar los pensamientos también puede venir muy bien el gesto-anclaje del que ya hemos hablado. Así, cuando aparezca el pensamiento negativo, seas conscientes de él y lo cambies por el nuevo, puede ser muy útil ese gesto memorizado que te haga ir al nuevo estado, donde el cerebro, las emociones y el cuerpo se convertirán en tus aliados. Ese gesto, recuerda, puede ser tocar una pulsera, hacer girar un anillo, llevarte la mano al pecho o tocarte el lóbulo de la oreja. El anclaje estará asociado al nuevo pensamiento y a la conducta que quieres tener. Tu cerebro recibirá la orden y enviará un mensaje a tu cuerpo, que se mostrará más tranquilo y dispuesto a lograr lo que desea.

Durante el confinamiento fuimos conscientes, quizá más que nunca, del efecto que tiene la **música** en nuestro estado de ánimo. Todos los días a la misma hora nos asomábamos a las ventanas y los balcones de nuestras casas para aplaudir a los sanitarios acompañados por una canción que se convirtió en la particular banda sonora de la pandemia. La música tiene la capacidad de transformar nuestro estado de ánimo, y esto explica que muchos artistas, ante la imposibilidad de realizar conciertos, nos siguieron acompañando de manera virtual, poniendo su pequeño granito de arena para animarnos y afianzar nuestra confianza en un momento de total incertidumbre.

Hace unos cuantos días, en una de mis rutinas diarias de ejercicio físico, mientras realizaba mis veinte minutos aeróbicos en el remo, me di cuenta de que se me estaba haciendo más duro de lo habitual. Esos veinte minutos haciendo el mismo ejercicio me suelen resultar muy pesados, por lo que habitualmente recurro a la música para entretenerme y no pensar en el tiempo que me falta para acabar. Cuando estaba a punto de rendirme cambié el tipo de música e inmediatamente, sin ser consciente de ello, mi postura corporal también cambió, así como la velocidad de mis brazos y mis piernas, y me sentí mucho más animada para continuar con la rutina.

Por tanto, te aconsejo que pongas música a tu vida y que te acompañe desde primera hora de la mañana. Te aportará bienestar, felicidad, fuerza y confianza en tus posibilidades.

VISUALIZA EN POSITIVO

Tanta importancia tiene la transformación de tus pensamientos como la visualización de ti mismo alcanzando tus objetivos.

Para mi trabajo de *coach* esta herramienta es imprescindible. A las personas que buscan mi ayuda siempre les pido que se visualicen consiguiendo su meta y que conecten con la emoción que eso les produce.

Ya te he explicado que los seres humanos somos capaces de crear nuestra propia realidad, para lo cual es necesario **adiestrar el cerebro.** A lo largo de los años se han realizado estudios muy interesantes sobre la visualización, y quiero destacar el que se hizo a un grupo de personas a las que se les pidió que durante un mes movieran un dedo de la mano derecha, contrayéndolo y estirándolo una hora todos los días. A otro grupo de personas se les pidió que hicieran lo mismo, pero mentalmente. Treinta días después, cuando los investigadores compararon los resultados de uno y otro grupo vieron que la fuerza en el dedo de quienes habían hecho el ejercicio de verdad se había incrementado un 30 %. Algo normal, dirás. Lo que quizá te sorprenda es que en los del otro grupo, los que solo imaginaban el ejercicio, también aumentó la fuerza en el dedo un 22 %.

Por tanto, cuando visualizas una y otra vez una realidad futura deseada, tu cerebro actuará como si ese hecho ya se hubiera producido. La neurociencia abala este tipo de conclusiones gracias a los aparatos que nos permiten ver la actividad del cerebro, pero si sigues dudando de la verdad de esta cualidad del cerebro humano, te pido que hagas este ejercicio:

1. Ponte en pie con las piernas un poco abiertas y los brazos en cruz.
2. Sin forzar, gira sobre ti mismo sin mover los pies del suelo. Toma una referencia de hasta dónde puedes llegar.

3. Cierra los ojos y, con los brazos en cruz y sin moverte, imagina que tu cuerpo es de goma y que giras sobre ti mismo sin límite alguno. Haz este ejercicio mental varias veces.
4. Abre los ojos y ahora gira la cintura de verdad.
5. Comprueba hasta dónde has llegado. ¿A que has logrado girar más que la primera vez?

Algo parecido ocurre cuando te propones alcanzar una meta. Si te visualizas con detalle consiguiéndola, estarás creando la nueva realidad y te estarás preparando para ir a por ella. Recuerda que **nuestra mente no tiene límites.**

Roger Bannister, a los veinticinco años de edad, era considerado el mejor corredor de media distancia de Gran Bretaña en la época de los años cincuenta del siglo pasado. En los Juegos Olímpicos de Helsinki de 1952 sufrió una enorme decepción tras terminar cuarto en la carrera reina de la media distancia, los 1.500 metros, pensando, incluso, en abandonar en varias ocasiones. Sin embargo, buscó la inspiración en su héroe en el atletismo, Sydney Wooderson, quien, en 1945, tras una espectacular remontada, estableció el récord británico en dicha carrera. Fue siguiendo el ejemplo de Wooderson como Bannister se propuso alcanzar el Santo Grial del atletismo. Pese a las incomodidades climáticas, el corredor británico logró su sueño: bajar de cuatro minutos por primera vez en la historia. El mundo se quedó atónito con la hazaña.

Por tanto, te invito a que visualices a diario cómo quieres vivir las veinticuatro horas que tienes por delante, con qué estado emocional, con qué sensaciones físicas y con qué pensamientos. De este modo estarás entrenando tu cerebro para el éxito.

7.ª PIEZA

Cambia y genera hábitos nuevos

Desde que nos levantamos por las mañanas realizamos diferentes actividades que en muchas ocasiones se convierten en rutinas a las que casi no prestamos atención. Las hacemos sin ningún esfuerzo, de manera automática, apenas consumen energía y no nos paramos a pensar que las estamos realizando.

- Te levantas habitualmente a la misma hora... Pero no, mejor empecemos fijándonos en lo que hacemos un poco antes. Seguro que duermes en el mismo lado de la cama desde hace años o que tienes la costumbre de dormir en la parte que se encuentra más cerca de la puerta de tu habitación. También apostaría a que siempre duermes en la misma postura (hay quien es incapaz de dormir boca abajo; otros necesitan dormir apoyando el lado derecho del cuerpo o con un cojín entre las piernas...).

- Casi todos los días te despiertas a la misma hora (solo los fines de semana cambian un poco los horarios) y, nada más levantarte, te diriges al cuarto de baño.

- Después de lavarse las manos y la cara, hay quien se mete directamente en la ducha; otros se ponen las zapatillas de deporte y se van a hacer ejercicio. Si ese es tu caso, seguro que después te duchas, te vistes, desayunas y te diriges al trabajo.

- Todos los días haces la misma ruta y, si vas en coche, seguro que pones el mismo programa de radio. Si usas el transporte público, apuesto a que aprovechas para leer las noticias en el móvil o para echar un vistazo a tus redes sociales. ¿Me equivoco?

- Una vez en la oficina, lo primero que haces es encender el ordenador y abrir el correo electrónico.

- Todos los días almuerzas a la misma hora y con la misma gente.

- Por la tarde sales del trabajo y seguro que lo que haces a continuación es también rutinario, ya sea alguna actividad con tus hijos o en soledad.

Como te habrás dado cuenta, no es necesario que prestes atención a las acciones que realizas todos los días. Las haces de manera automática, hasta el extremo de que hay veces que ni siquiera eres consciente de cómo has llegado del trabajo a casa. Son hábitos de comportamiento que has ido adquiriendo de tanto repetirlos.

Isabel Sousa y David Gómez afirman en su libro *Neurociencia aplicada al coaching* que «un hábito es un comportamiento que realizamos con el suficiente automatismo como para no consumir demasiada energía, y que permite a la parte pensante del cerebro estar ocupada en otra cosa».

Y, en efecto, así es. Mientras esperas el metro o el autobús, seguro que vas pensando en el informe que tienes que presentar al día siguiente, en la reunión que te han colocado a las diez de la mañana o en la compra que debes hacer por la tarde.

Todos sabemos lo que tenemos que hacer en cada momento y así nos gusta que sea. No nos gusta improvisar, porque eso supone cambiar nuestro esquema mental. Y los cambios implican un desgaste al tener que buscar alternativas.

Por eso, durante los primeros días del confinamiento por la pandemia, nos volvimos locos rellenando las horas mientras ordenábamos armarios, hacíamos bizcochos o programábamos las videollamadas para hablar con la familia. Teníamos mucho tiempo por delante y estaba sin organizar. Tuvimos que ponernos manos a la obra para encontrar **nuevas rutinas** a las que aferrarnos.

Curiosamente, antes de la pandemia muchos de mis clientes me pedían ayuda para cambiar sus **hábitos.** El principal obstáculo con el que se encontraban era la falta de fuerza de voluntad, que siempre se ha creído que solo unos pocos agraciados poseen.

Pero ¿sabes **cómo se forma un hábito?** ¿Cuánto se tarda en modificar uno antiguo? ¿Es la fuerza de voluntad la clave para conseguir lo que nos proponemos?

En la creación y el mantenimiento de un hábito intervienen diferentes partes del cerebro. Cuando realizamos por primera vez una nueva acción se necesita mucha energía, porque debemos ser conscientes de lo que estamos realizando. Por ejemplo, la primera vez que decides ir a entrenar al gimnasio no te resultará fácil. En primer lugar, escucharás esa vocecilla que cuestionará si es necesario levantarte a las seis y media de la mañana para calzarte las zapatillas e ir a entrenarte. Posiblemente, en ese momento aparecerán miles de argumentos dirigidos a convencerte de que ya lo harás otro día. Solo seguirás adelante con tu plan si tienes clara cuál es la **recompensa.**

Una vez en el gimnasio, tendrás que estar atento a las indicaciones del entrenador. Descubrirás músculos que pensabas que no existían y no hablarás con nadie, porque estarás centrado en hacer bien el ejercicio. La recompensa ese día la obtendrás con la ducha de después, no esperes mucho más, porque el ejercicio de un día para otro no es milagroso, no nos engañemos.

Al día siguiente, con las agujetas por todo el cuerpo, te volverás a levantar a la misma hora. Y te preguntarás de nuevo: «¿Pero realmente es necesario hacer esto?». Ese es el momento clave: te duele todo el cuerpo y los resultados tardarán en llegar, pero hay una fuerza dentro de ti que te lleva a volver al gimnasio. Es la fuerza de la motivación, que junto a la constancia y la palabra dada, puede acallar esa voz que te dice: «Quédate en la cama». Ese día, la recompensa volverá a ser la ducha que te darás nada más terminar de entrenar. Y así un día tras otro, hasta que ir al gimnasio sea ya un **hábito** del que no puedas desprenderte (necesitarás entre seis y nueve semanas).

En ese momento, tu cerebro ha funcionado de la siguiente manera:

- La **corteza prefrontal** ha evaluado la decisión que has tomado y ha valorado si merece la pena. Por ello, el *para qué* es fundamental.
- El **estriado,** que forma parte de los ganglios basales, con el que se ha comunicado la corteza prefrontal también se ha puesto en marcha.
- El **mesencéfalo** se ha encargado de producir dopamina, el neurotransmisor fundamental en la motivación y en el deseo de conseguir una meta. La dopamina es la responsable de que queramos volver al día siguiente al gimnasio, porque nos permite disfrutar de la actividad que hemos realizado.
- La **corteza sensitivo-motora** nos ayuda a fijar nuestras rutinas.
- La **corteza infralímbica** también influye en la fijación de la rutina.

Esta forma de construir hábitos es aplicable tanto a la práctica del ejercicio como a la adquisición de buenas costumbres de alimentación, al estudio de unas oposiciones o al trabajo con uno mismo en silencio y en soledad. Para adquirir todos esos hábitos necesitamos conectar con la recompensa, reconocer el *para qué* deseamos ponerlos en práctica y, sobre todo, identificarlos como propios.

Hace unos meses visité a una médica naturópata que me habló de lo importante que es no beber agua durante las comidas, pues favorece la digestión y te hace sentir menos hinchada. Me dijo que, antes y después de comer, bebiera lo que quisiera, pero, aun así, el reto me parecía difícil de cumplir. Finalmente, sus argumentos me convencieron y me puse manos a la obra.

Cuando llegué a casa y preparamos la comida decidí que ese sería el primer día del nuevo hábito. Cuando llegó la hora de poner la mesa, no pusimos vasos y desde entonces lo sigo haciendo. ¡Ya es un hábito!

Lo mismo ocurre con la meditación, que practico todas las mañanas durante veinte o treinta minutos. Hay días que me cuesta más que otros, pero sé que la recompensa siempre llega y por eso mi mente ya lo tiene asumido como un hábito que me hace sentir mejor física y emocionalmente.

Pero ¡qué curioso es el cerebro! Los hábitos que no son ni saludables ni aconsejables no cuesta nada adquirirlos... Ocurre con el hábito de no cuidarse, con el de pensar que no vales lo suficiente o con el de mirar la vida desde una perspectiva negativa. ¿Por qué esos hábitos no implican esfuerzo y se mantienen con tanta facilidad? Porque el cerebro funciona mucho mejor en esta versión negativa, ya que no gasta energía ni tiene que ponerse a «trabajar».

Te estarás preguntando: ¿Cómo logro que mi cerebro genere nuevos hábitos saludables? Pues poco a poco y actuando por repetición...

¿Recuerdas cuando comenzaste a montar en bicicleta? Seguro que el primer día sufriste alguna caída y no supiste manejar la bici a la perfección. ¿A que necesitaste practicar para hacerlo bien? Con los hábitos sucede lo mismo:

- **Identifica el hábito** que quieras incorporar y asegúrate de que es verdaderamente tuyo y no de otras personas. Valora de 0 a 10 el nivel de pertenencia de ese hábito.
- Descubre **para qué** quieres adquirirlo, es decir, la finalidad. Así te sentirás más motivado y será más difícil abandonar.
- **Comienza poco a poco.** No seas de esos que el 1 de enero decide adelgazar y se va a su tienda de deportes

favorita, se compra el equipo completo de pádel, lo da todo el primer día y al tercero abandona. Si tu objetivo es perder peso, comienza yendo media hora todos los días o ve a nadar dos veces por semana.

- **Prémiate** cada día que practiques tu nuevo hábito. Las recompensas son importantes para fijar un nuevo hábito.
- **Genera dopamina.** Ya sabes cuáles son las acciones que más te ayudan en este sentido: practicar la gratitud, meditar, hacer ejercicio... (en otra pieza hablaremos detenidamente de todo esto).
- **Elabora tu PLAN DE ACCIÓN.** De esta manera te sentirás comprometido contigo mismo y te resultará más difícil abandonar.
- **¡REPITE, REPITE, REPITE!...** Recuerda que las redes neuronales se conectan automáticamente, por lo que, si quieres crear una nueva red neuronal con este hábito, necesitas repetir hasta que esta red se ponga en funcionamiento por sí sola.

HÁBITO QUE QUIERES INCORPORAR	MOTIVACIÓN 0 - 10	¿PARA QUÉ LO QUIERO INCORPORAR?	EMOCIÓN QUE ME PROPORCIONARÁ

Recuerda que para que un hábito se convierta en tal deben pasar entre seis y nueve semanas. Será entonces cuando te des cuenta de que ya no te cuesta ponerlo en práctica.

ETAPAS DEL PLAN DE ACCIÓN (incluir fechas)	ACCIÓN	MOTIVACIÓN	RECOMPENSA
1.ª			
2.ª			
3.ª			
4.ª			
5.ª			
6.ª			
7.ª			
8.ª			
9.ª			

No solo es importante aprender a generar nuevos hábitos, sino que en muchas ocasiones necesitamos eliminar aquellos que son perjudiciales, como la vida sedentaria, una dieta descuidada, demasiadas redes sociales o esos pensamientos que nos sabotean cuando intentamos cambiar. Estos hábitos están tan incorporados en nuestro día a día que puede resultar enormemente complicado eliminarlos o modificarlos.

1. **Obsérvate con atención,** quita el piloto automático y detecta qué costumbres tienes que te resultan perjudiciales.

HÁBITO ACTUAL	NUEVO HÁBITO
______________________	______________________
______________________	______________________

2. **Conecta con la emoción** que te provocará el nuevo hábito:

NUEVO HÁBITO	EMOCIÓN
______________________	______________________
______________________	______________________

3. **Visualízate realizando el nuevo hábito:** qué pensarás, cómo actuarás y qué sentirás. Haz un dibujo tanto del hábito antiguo como del nuevo:

VIEJO HÁBITO	NUEVO HÁBITO

Será como si representaras la metamorfosis de una mariposa... Y sin darte cuenta, poco a poco (ya sabes, por etapas), comenzarás a crear las nuevas redes neuronales que permitirán que el nuevo hábito se convierta en una acción automática.

4. **Busca un gesto-anclaje** que te ayude a conectar con el nuevo estado que quieres conseguir con el nuevo hábito. Ese gesto enviará una orden al cerebro, que se pondrá en marcha para hacerte rectificar si es que estás a punto de abandonar. Poco a poco tus neuronas se irán conectando automáticamente y el gesto-anclaje dejará de ser necesario.

8.ª PIEZA

Aprende a quererte y a confiar en ti

Parece que nos han enseñado a estar más pendientes de los demás que de nosotros mismos, de tal manera que pocas veces nos paramos a pensar cómo nos sentimos, qué pensamientos nos acompañan... En muchas ocasiones obedecemos a las expectativas de los otros y nos olvidamos de las propias.

Como dice el *coach* y escritor Luis Bueno, «si no llenamos bien nuestro vaso, es imposible que podamos dar de beber a los demás»... Hace unos meses, Luis y yo charlamos por Instagram sobre lo importante que es querernos, cuidarnos y alimentar nuestra alma para poder dar a los demás.

En la conversación salieron varias palabras clave, como humanidad, humildad, autoamor, autoobservación, compartir y autoperdón.

- **Humanidad,** porque eso somos los seres humanos, con nuestras virtudes y nuestros defectos.
- **Humildad** para reconocer que no somos perfectos y que nos equivocamos. Eso forma parte del aprendizaje que supone vivir.

- **Autoamor.** Es imprescindible tratarnos bien y querernos para poder tratar bien y querer a los demás.
- **Autoobservación.** El proceso obligado para poder avanzar en nosotros mismos. Consiste en fijar el foco en uno mismo en lugar de ponerlo en los demás.
- **Compartir,** que va más allá de dar y recibir. Se trata de convivir desde el agradecimiento por tener aquello que le falta al otro. Si lo compartimos con él, nos convertimos en mejores personas.
- **Autoperdón.** Es el paso previo y necesario para querernos. Hay que cambiar el impulso de fustigarnos por el de besarnos.

Es cierto que vivimos en una sociedad en la que nos han enseñado a cumplir expectativas, en la que cargamos con etiquetas limitantes, en la que enjuiciamos a los demás y en la que nuestro éxito personal se basa en el logro exterior. El error es castigado. Vivimos rodeados de prejuicios.

Hay una frase de Luis que me gusta destacar para darle la importancia que merece:

No se puede ser buena persona hacia fuera si no se es hacia dentro.

Si intentamos dar de beber en un vaso que está vacío, no lograremos saciar la sed de quien nos ha pedido agua. Lo estaremos haciendo desde la carencia y desde la dependencia. Por eso es tan importante llenar nuestro vaso de agua y, cuando hayamos saciado nuestra sed, entonces podremos dar de beber al otro.

Se trata de ser conscientes de lo importante que es la relación que mantenemos con nosotros mismos. Quizá porque estamos acostumbrados y cegados por la autoexigencia, por el deseo de que nos admiren y nos quieran, hemos ido vistiéndonos con los trajes que otros han pensado para nosotros. Hemos mirado más hacia fuera que hacia dentro.

Acostumbrados también a las exigencias propias de esta sociedad, hemos llegado a considerar el error como el peor de los castigos. No nos hemos perdonado ni nos hemos tratado con amor. Y la culpabilidad y la frustración nos han acompañado durante años.

Durante los días de confinamiento, tuvimos tiempo para muchas cosas, pero hubo una que cobró más importancia que las demás: **escucharnos a nosotros mismos:**

- *¿Realmente soy feliz con lo que hago, con mi comportamiento y con mis sentimientos?*
- *¿Hago lo que quiero o lo que esperan los demás?*
- *¿Me trato con cariño y con amor, o me trato con exigencia?*
- *¿Me permito equivocarme?*
- *¿Adónde me lleva la vida que he decidido vivir o la que han decidido los demás que viva?*

Para contestarnos a estas y otras muchas preguntas necesitamos tiempo y ganas de tomar conciencia de nosotros mismos, algo que suele faltar en nuestras rutinas diarias. A todos nos da vértigo la posibilidad de encontrar algo que no nos guste de nosotros mismos y que se convierta en un obstáculo que haya que superar. Descubrir que hemos ido por la vida con un traje que no nos pertenece puede suponer una pequeña catarsis, y eso nos asusta.

Pero ahora más que nunca tenemos una **nueva oportunidad,** la de conocernos, reconocernos, querernos y cuidarnos tal y como somos. Y eso nos permitirá entablar con los demás relaciones más sanas y basadas en el crecimiento.

OBSÉRVATE

Si te quitas las capas que te has puesto —o te han puesto—, ¿quién eres realmente? Para averiguarlo es necesario que indagues en tu interior y que llegues a tu esencia.

Piensa en un iceberg del que solo se ve una pequeña parte. Eso que permanece oculto es tu esencia, lo que de verdad te define y te pertenece. Por eso es fundamental que descubras si realmente la parte visible se corresponde con tu verdadera personalidad o si es una simple careta que tú mismo te has puesto para complacer a otros.

BUSCA TU ESENCIA	
¿Qué es lo que no quieres que forme parte de tu vida?	
¿Qué creencias sobre ti mismo te empoderan?	
¿Qué creencias sobre ti mismo te han limitado?	
¿Qué etiquetas que te han puesto no te identifican?	
¿Cuáles han sido tus principales aprendizajes?	
¿Cuáles ha sido tus mayores errores?	
¿Qué sueños te quedan por cumplir?	
¿Qué te produce bienestar? Nombra aquello que solo dependa de ti y que sea para ti.	

¿Qué es innegociable para ti?	
¿Qué retos y obstáculos has superado?	
¿Qué cualidades destacas de ti?	
¿Cuáles son tus valores?	

Te aconsejo que rellenes esta tabla empezando por el final. Te daré pistas para algunos de estos apartados:

- Comienza por **tus valores,** por aquello que te mueve, que es importante para ti. Te ayudaré con una pequeña lista, pero puedes añadir los que creas que faltan:

Lista de valores

Afecto	Educación	Nobleza
Alegría	Empatía	Paciencia
Apego	Entrega	Participación
Apoyo	Entusiasmo	Pasión
Aprendizaje	Equilibrio	Paz
Armonía	Espiritualidad	Paz interior
Autenticidad	Estabilidad	Poder
Aventura	Estética	Precisión
Belleza	Exactitud	Productividad
Bienestar	Éxito	Progreso
Bondad	Familiar	Realización
Claridad	Fidelidad	Respeto
Colaboración	Flexibilidad	Romance
Compañerismo	Franqueza	Sabiduría
Comprensión	Fuerza	Salud
Comunicación	Generosidad	Seguridad
Comunidad	Gentileza	Sencillez
Conexión	Gratitud	Serenidad
Confianza	Honestidad	Servicio
Constancia	Humildad	Sinceridad
Contribución	Humor	Solidaridad
Cooperación	Igualdad	Ternura
Creatividad	Independencia	Tolerancia
Crecimiento	Integridad	Tradición
Cuidado	Justicia	Tranquilidad
Cultivo	Lealtad	Valentía
Cumplimiento	Libertad	Variedad
Desapego	Limpieza	Vitalidad
Desarrollo	Madurez	
Disciplina	Naturaleza	

- En el apartado **¿qué cualidades destacas de ti?,** puedes recuperar las fortalezas que ya trabajaste en la pieza dedicada a buscar tu meta. Describe tus habilidades tanto en el ámbito intelectual y profesional como en el emocional y personal. En mi libro *Saca lo mejor de ti* encontrarás diferentes ejercicios para reconocer tus fortalezas. A continuación te indico algunas con las que quizá te sientas identificado:

FORTALEZAS SEGÚN EL IEPP
(Instituto Europeo de Psicología Positiva)

Legado	Carisma	Curiosidad	Universalismo
Humor	Armonía	Gratitud	Honestidad
Cooperación	Aceptación	Valentía	Organización
Perdón	Vitalidad	Innovación	Positividad
Calidad	Equidad	Conocimiento emocional	Compromiso
Crecimiento	Manejo emocional	Directividad	Persistencia
	Apreciación de la belleza	Análisis	

- En el apartado **retos** escribe de mayor a menor importancia (según el esfuerzo) las metas que hayas alcanzado en tu vida.
- Lo **innegociable para ti** es aquello que sabes que siempre te proporciona bienestar y que, por tanto, siempre deseas. Desde dar un paseo por la playa todas las mañanas, a hacer ejercicio diario, compartir tiempo con tus amistades, leer, viajar, meditar...
- Lo que te produce **bienestar** suelen ser cosas pequeñas, situaciones cotidianas que te acompañan a diario y a las que no sueles prestar atención. Nos estamos refiriendo al bienestar tanto físico como emocional.
- En el apartado **¿qué sueños te quedan por cumplir?** te aconsejo que no te preguntes si es posible o no alcanzarlo. Se trata de que lo definas, porque ahí, en esa descripción, encontrarás aspectos importantes de tu personalidad y tu carácter.

Te confieso que uno de mis mayores sueños es vivir en diferentes países con mis hijos y mi marido: unos años en América, otros en Europa... Me encantaría conocer otras culturas y vivirlas de verdad. Unirnos más si cabe como familia, y superar retos. Quizá sea mi curiosidad la que me lleva a tener este sueño. Hoy por hoy no es posible, pero ¡nunca se sabe!

- Los **principales aprendizajes y los mayores errores** suelen ir de la mano. Cuántas veces te has machacado tras cometer un error cuando de lo que se trata es de aceptar que todos nos equivocamos y de aprender de nuestros errores.
- Las **creencias que te limitan** serán aquellos pensamientos saboteadores sobre los que hemos trabajado en piezas anteriores. Ya sabes que solo puedes eliminarlos transformándolos por otros que te empoderen.
- Casi nunca sabemos bien **qué es lo que queremos para nuestra vida.** Aunque tengamos una idea aproximada, no podemos desarrollarla, porque nos faltan datos e información. Por eso la pregunta que te planteo es: **«¿Qué es lo que no quieres en tu vida?».** Cuando la respondas, hallarás mucha información sobre ti mismo y eso te permitirá poner en marcha un radar que te ayudará a detectar rápidamente lo que quieres.

Este trabajo de observación te permitirá adquirir un mayor autoconocimiento. Habrá aspectos que no te gusten y que quieras eliminar, pero **ESE/A ERES TÚ.** Sin disfraces ni caretas. Eres tú en estado puro.

QUIÉRETE

Qué fantástico sería tener la capacidad de querernos sin más, sin que el amor dependa de la aceptación de los demás o de los éxitos o logros. Querernos es el mejor trabajo que podemos hacer con nosotros mismos. Sin embargo, nos comparamos e intentamos agradar y complacer a los demás, a quienes dedicamos palabras de afecto y de consuelo sin problema. Pero con nosotros mismos no lo hacemos. Nos convertimos en seres exigentes, nos juzgamos con severidad y casi nunca nos tratamos como corresponde, es decir, con **AMOR.**

Como bien dice Luis Bueno, el **AUTOAMOR** es la antesala de todo. Es el origen de donde parte una buena relación con nosotros mismos para poder tener una buena relación con los demás.

El *Nuevo Testamento* dice:

> *Si alguien te pega en una mejilla, ofrécele también la otra; y si alguien te quita la capa, déjale que se lleve también tu camisa. A cualquiera que te pida algo, dáselo, y al que te quite lo que es tuyo, no se lo reclames. Haz con los demás como quieras que los demás hagan contigo.*
>
> (Lucas 6: 29-42)

¿Qué quieres que te diga? Yo soy de familia católica, pero estoy un poco harta de poner la otra mejilla, de dar sin pedir, de entregar sin esperar nada a cambio... Me habría gustado que en la Biblia también estuviera escrito:

Quiérete a ti mismo como quieres que te quieran. Trátate a ti mismo como quieres que te traten los demás. Respétate tanto como quieres que te respeten.

La Historia nos ha hecho creer que ponernos en primer lugar es una señal de egoísmo y egocentrismo. Y más aún si eres mujer, pues se da por sentado que las mujeres (hijas, madres y esposas) lo entregamos todo sin pedir nada a cambio. ¿Acaso no es siempre la mujer, que se ha pasado toda la mañana cocinando, quien, cuando llega la hora de servir la comida en los platos, se queda con el trozo de carne o de pescado más pequeño?

Tanto padres como madres estamos dispuestos a hacer lo que sea por el bienestar de nuestros hijos. Pero una cosa es eso y otra olvidarnos de nosotros/as mismos/as y de nuestras necesidades. Por eso te pido que te observes atentamente, que busques un espacio solo para ti y mires en tu interior, que te preguntes qué quieres y qué necesitas para ser feliz. Solo así estarás preparado/a para darte a los demás.

Pero ¿cómo se lleva a la práctica esto del **autoamor?** A continuación te doy una serie de consejos-preguntas para que te evalúes a ti mismo/a:

1. **Quítate la careta de autoexigente** y ponte la de benevolente:
   - *¿Cuánto te exiges?*
   - *Si te equivocas, ¿qué haces?*
   - *Prueba a cambiar esa «torta» simbólica que sueles darte por una caricia auténtica. ¿Cómo te sientes?*
   - *¿Qué tienes que perdonarte?*

2. **Lánzate mensajes positivos y de amor.** Es más frecuente fijarnos en lo que hacemos mal, en nuestros fallos o debilidades, que en nuestras virtudes. Por eso te pido que modifiques ¡ya! ese diálogo contigo mismo/a y que elijas las frases que te van a acompañar a partir de ahora. Frases que reflejen de lo que eres capaz, tus posibilidades, tus aprendizajes. En definitiva, frases que te refuercen y que muestren comprensión y perdón cuando te equivoques. Serán tu mantra, así que repítelas en voz alta todos los días. Te doy algunos ejemplos:
   - *Todos los días me convierto en alguien mejor porque*

     ____
   - *Yo puedo lograr*

     ____
   - *Me acepto, me quiero, porque soy una persona*

     ____

- *Lo malo siempre se transforma en bueno.*
- *Acepto lo que es, dejo ir lo que fue y tengo fe en lo que será.*
- *Sigue tu camino y mañana lo agradecerás.*

3. **Trabaja la asertividad.** Pon tus propios límites para cuidarte y protegerte y aprende a decir «NO» sin sentirte culpable. Posiblemente, esta sea la tarea más complicada y la que más temor te produzca, pero es la mejor manera de empezar a quererte. Por eso te pido que todos los días repitas las doce frases que te expongo a continuación. Hazlo en voz alta y, si es posible, mirándote al espejo.

YO TENGO DERECHO A:

1. *Considerar mis propias necesidades.*
2. *Cambiar de opinión.*
3. *No necesitar la aprobación de los demás.*
4. *Ser tratado con respeto y dignidad.*
5. *Cometer errores.*
6. *Tener y expresar mis propios sentimientos.*
7. *Rechazar opiniones sin sentirme culpable.*
8. *Establecer mis prioridades y tomar mis propias decisiones.*
9. *Sentirme bien conmigo mismo/a.*

10. *Mi privacidad. A que me dejen solo.*
11. *Decir NO.*
12. *Decidir si me hago responsable de los problemas ajenos.*

Obviamente, no se trata solo de repetir y recordarte tus derechos, sino de llevarlos a la práctica. Elabora tu **PLAN DE ACCIÓN** y comienza por los que te resulten más sencillos de cumplir. Poco a poco irás notando lo bien que te sienta —a ti y a los demás— ponerte a ti mismo en primer lugar. Es un acto de amor y generosidad hacia ti.

Semana	Derecho que quiero aplicar	Acción
1.ª		
2.ª		
3.ª		
4.ª		
5.ª		
6.ª		
7.ª		
8.ª		
9.ª		

RECONÓCETE

Síííí... Es cierto, nos gusta machacarnos, fijarnos en nuestros defectos y debilidades. Parece que es nuestro sino. Pero esto no significa que sea lo mejor para nosotros.

Anteriormente hablamos de reconocer nuestras cualidades, aptitudes, habilidades... En definitiva, nuestras **fortalezas.** Y créeme cuando te digo que es un trabajo apasionante. Si has leído mi anterior libro, *Saca lo mejor de ti,* ya sabrás que trabajar desde la parte positiva de las personas es lo que más me gusta. Creo que es fundamental fijarnos y reconocernos a nosotros mismos, porque solo así es posible el cambio, la transformación y la superación de los obstáculos.

No es tarea fácil, ya que desde que nacemos estamos habituados a trabajar desde nuestras debilidades y carencias, nunca desde nuestras cualidades y puntos fuertes. En el mejor de los casos, trabajar desde los aspectos negativos implica un gran esfuerzo, un desgaste de energía y, en muchos casos, frustración. Sin embargo, trabajar desde nuestro potencial nos aporta seguridad, autoestima y más energía.

Es verdad que muchas veces dejamos de hacer cosas porque pensamos que no somos buenos/as, pero nada más lejos de la realidad. Si transformamos esas debilidades desde nuestras fortalezas, cambiaremos muchas de esas creencias limitantes, mejoraremos nuestra autoconfianza y saldremos fortalecidos/as.

Te pido que leas atentamente el siguiente testimonio:

Yo siempre he huido de los números, como gato del agua. Nunca fue lo mío, a pesar del empeño de mi padre. En cuanto pude, me quité las matemáticas de en medio.

Abordar temas de bancos, facturas, contratos... siempre me ha dado pereza. Aunque he tenido buenos maestros en matemáticas, como Isabel, una de mis profesoras del colegio, en la mayoría de las ocasiones me he topado con profesores que no nos han enseñado a amar esa asignatura.

Pues bien, hace unos meses tuve que enfrentarme a facturas, contratos, hipotecas, cuentas bancarias, fondos... Nunca pensé que sería capaz de hacerlo, pero lo logré. Me reforcé en mi constancia y en mis ganas de aprender, además de dejarme empujar por la motivación que suponía el cambio que íbamos a realizar en la familia.

Demasiadas veces damos por sentadas cosas que no lo son, y lo hacemos solo porque nos hemos convencido de lo que podemos o no podemos hacer. Trabaja desde tus fortalezas para modificar esas ideas limitantes sobre ti mismo/a y verás cómo cambian las cosas.

A continuación te ofrezco un listado con 40 fortalezas para que veas y analices cuáles te pueden representar mejor:

Las 40 fortalezas personales

1. Adaptabilidad
2. Amabilidad
3. Amor
4. Analítica
5. Apertura mental
6. Aprendizaje
7. Asunción de riesgos
8. Audacia
9. Autoestima
10. Autorregulación
11. Búsqueda del éxito
12. Ciudadanía
13. Clarividencia
14. Coherencia
15. Competencia
16. Comunicación
17. Concentración
18. Creatividad
19. Curiosidad
20. Desarrollo
21. Empatía
22. Esperanza
23. Espiritualidad
24. Estética
25. Estrategia
26. Gratitud
27. Humildad
28. Humor
29. Imparcialidad
30. Integridad
31. Inteligencia social
32. Liderazgo
33. Organización
34. Perdón
35. Persistencia
36. Personalización
37. Prudencia
38. Resiliencia
39. Valor
40. Vitalidad

Para identificar tus propias fortalezas, piensa en ejemplos concretos de situaciones o momentos en tu vida en los que las has demostrado. Ahora te pido que te quedes con las cinco que más te representan:

LAS FORTALEZAS QUE ME REPRESENTAN

____

____

____

Ten cerca de ti este listado y léelo de vez en cuando. Te aportará la confianza necesaria para saber y sentir que puedes hacer todo lo que te propongas.

9.ª PIEZA

Crea tu día

Te pido que leas con atención las siguientes frases:

Hoy es el primer día del resto de tu vida.

Abbie Hoffman

Mi fórmula para vivir es bastante simple: me levanto por la mañana, me voy a la cama por la noche y, en medio, doy lo mejor de mí mismo.

Cary Grant

O controlas el día o el día te controla a ti.

Jim Rohn

Cada mañana nacemos de nuevo. Lo que hacemos hoy es lo que más importa.

Buda

Nuevo día, nuevos pensamientos, nuevas esperanzas y nuevas oportunidades.

Lailah Gifty Akita

Los malos hábitos son más fáciles de abandonar hoy que mañana.

Proverbio

Sí, desde hace unos cuantos años parece que el positivismo está por todas partes: tazas, cuadros, camisetas, bolsas, neceseres... Nos invitan a comprar todos esos mantras (que muchas veces yo he repetido y compartido), pero no sabemos cómo llevarlos a la práctica. Es tanta la presencia de esta actitud que en muchos casos la tortilla se ha dado la vuelta y estas frases se han convertido en un mensaje hueco resultado del auge del desarrollo personal.

Sin embargo, en esta nueva ola del *Feel Good* hay algo que es verdad. Estamos acostumbrados a vivir con la herencia del pasado y a adelantarnos al futuro. Y en nuestra mano está **crear un nuevo día** desde que nos despertamos, aunque, como es lógico, sin estar obligados a vivir en la felicidad absoluta.

Habrá días en los que te resulte un auténtico reto levantarte de la cama; otros en los que no sabrás afrontar los obstáculos; habrá momentos en los que tengas miedo y otros en los que estés triste. Habrá días en los que te sientas empoderado/a y otros en los que te parezca que la felicidad depende de lo que sucedió ayer. Esto es inevitable.

Pero ¿eres consciente de cómo comienzas cada día? ¿Arrastras emociones que sentiste ayer o incluso la semana pasada? ¿Te metes en la cama con una preocupación y eres de los que te adelantas a lo que va a ocurrir?

En capítulos anteriores hemos visto que es posible entrenar nuestro cerebro, aunque para ello debemos tomar conciencia del presente y reconocer que en muchas ocasiones nuestro estado de ánimo de hoy se debe a hechos y situaciones que ocurrieron ayer. Por supuesto, no podemos cambiar el pasado, pero lo que sí podemos hacer es decidir si queremos que el pasado sea el protagonista de nuestro día.

Por ello te propongo que cada mañana te hagas un pequeño escáner de cómo te encuentras y por qué. Si en el por qué hay algo que sucedió ayer o antes de ayer, modifica ese pensamiento tal y como te enseñé a trabajar la aceptación.

Si, por el contrario, tu malestar se debe a algo que aún no ha ocurrido —y ni siquiera tienes la certeza de que vaya a ocurrir—, te recomiendo que lo escribas en un cuaderno y que lo guardes en un cajón, que será como decir: «Ahora no me puedo ocupar de esto».

En el pasado, los físicos dividieron el mundo en **materia y pensamiento.** Más tarde se dividió en materia y energía, pero en ambos casos se consideraba que la realidad estaba formada y que muy poco podíamos hacer con ella. Hoy en día esta visión ha cambiado y se considera que formamos parte de un inmenso **campo invisible de energía** que contiene todas las realidades posibles, y estas realidades son reflejo de nuestros pensamientos y sentimientos.

Todos los días tenemos la capacidad de vernos de una manera determinada y de la contraria. Depende de cómo hayan ido los acontecimientos, de cuál sea nuestro humor y de qué imagen de nosotros queramos tener. Los dos extremos y todas las versiones que hay entre una visión y su opuesta son igualmente reales. Por tanto, somos nosotros quienes elegimos.

Ahora bien, nada puede cambiar si no lo hacemos nosotros. Es decir, si mantenemos los mismos pensamientos y las mismas rutinas, los días se repetirán y no seremos capaces de crear un estado nuevo. Por tanto, es imprescindible modificar costumbres, ideas y sentimientos respetando siempre nuestra esencia.

Puesto que se trata de crear y cambiar, hagamos algo sorprendente, nuevo y desconocido. Concéntrate en ello porque poco a poco verás que la transformación es posible. ***Entrégate y confía.*** *Porque si el cambio nace de tu interior, llegará a tu exterior.*

Durante los meses de confinamiento incorporé una serie de rutinas que ahora, con la agenda llena de obligaciones, he tenido que adaptar a un nuevo ritmo. Esas rutinas me permitieron mantener una vida más o menos organizada, porque lo último que quería era dejarme llevar por el hastío.

La idea de incorporar una nueva rutina a mi vida en esas circunstancias tan excepcionales no partió de mí; en realidad, la copié del gran Enrique Jurado, *coach* y fundador de la Escuela de Coaching D'Arte, tras escucharle en un directo con mi querida Anne Igartiburu. Hasta que llegó el verano de 2020 mantuve esa rutina, y ahora quiero compartirla contigo porque estoy segura de que te puede ayudar.

Se llama **MAÑANAS DEL SALVADOR** y está dirigida a tomar conciencia de nosotros mismos y de los pensamientos que nos acompañan, al tiempo que decidimos cómo queremos que sea nuestro día. También trabajamos el cuerpo y terminamos con un gesto de gratitud.

La rutina se compone de distintas acciones, cada una llamada con una inicial hasta formar la palabra «SALVADOR»:

S

Guarda **SILENCIO.** Nada más levantarte, y después de ir al baño, bebe agua, siéntate en un lugar tranquilo y en una postura cómoda, puede ser en un sofá, en una silla o en una esterilla. Lo *único* que tienes que hacer es guardar silencio. Nada más y nada menos. El silencio te permitirá escuchar tu ruido interior y observar cómo te sientes emocional y físicamente. No se trata de meditar, sino de observarte y escucharte.

A

ANOTA en un cuaderno lo que has observado durante esos minutos de silencio. De esta manera tomarás más conciencia aún de cómo te encuentras. La ventaja de apuntar en un cuaderno es que puedes releer lo escrito cuando quieras y averiguar si hay algo que va cambiando en nuestro día a día o si se repiten las mismas pautas.

L

LEE. Elige una bonita lectura, que te aporte, que te proporcione calma, que te enseñe. Yo recuerdo que unos días antes del confinamiento fui a la presentación del libro *Escúchate,* del Embajador de la Paz para numerosas instituciones Prem Rawat. Rawat nació en la India y a lo largo de cincuenta años ha recorrido el mundo transmitiendo su mensaje de paz y armonía. En la contraportada del libro aparece esta frase:

La paz está en tu interior:
el conocimiento de ti mismo
es lo que te permite experimentarla.

V

VISUALIZA tu día. Ya hemos visto que somos energía y que creamos nuestra propia realidad a través del campo cuántico. Por tanto, visualiza cómo quieres que sea tu día, qué quieres hacer, cómo quieres hacerlo y cómo te quieres sentir. Visualízate superando el reto que tienes por delante, conectando con las emociones que quieres que te acompañen. Y para que conste, escríbelo en tu cuaderno. Serás mucho más consciente.

A

AGRADECE. El agradecimiento nos lleva a una mayor felicidad, nos ayuda a sacar algo positivo de las cosas que menos nos agradan y nos permite vivir de manera más plena y positiva. Así que busca cada día algo que agradecer y verás que es la mejor manera para comenzar la jornada. Escribe aquello por lo que das las gracias y crea tu propio **Diario de Agradecimiento,** del que hablaré en el último capítulo.

D

Haz **DEPORTE.** No todo va a ser entrenar nuestra mente. No se trata de ponerse a hacer ejercicio porque sí y sin medida. Puedes comenzar caminando media hora o estirando los músculos. Dedicarle un tiempo al cuidado de tu cuerpo es una de las rutinas que más bienestar te aportarán.

O

Sé **OPTIMISTA.** No te dejes llevar por el mal humor ni por esas emociones y sentimientos que muchas veces hacen que desde por la mañana estés «cruzado/a». Seguro que más de una vez has dicho eso de «me he levantado con el pie izquierdo». Pues, a partir de hoy, esa frase formará parte del pasado. Elige un pensamiento y una frase positiva que te acompañen durante el día. Repítela en voz alta cada vez que lo necesites. Mi frase elegida para todos los días (y todavía permanece en mí) fue esta:

Un nuevo día,
una nueva oportunidad.

Elige la tuya, la que mejor te describa,
escríbela y repítela todas las mañanas.

R

REBOBINA tu día. Esto lo tendrás que hacer al final de la jornada. Se trata de recordar y de quedarte con lo bueno del día. Recuerda que el cerebro no distingue entre lo que es real y lo que no lo es. Tan solo se queda con lo que le repites, de manera que si dices que ha sido un día fantástico, que has superado los malos ratos, que has avanzado, que te has sentido tranquilo y feliz, el cerebro lo mantendrá. Te aseguro que tu emoción antes de irte a la cama será diferente y que afrontarás el siguiente día con más fortaleza y energía.

Esta rutina la adopté durante los meses de confinamiento y, como te digo, la he mantenido después. Ahora comienzo mi día meditando entre quince y veinte minutos. A continuación doy las gracias por algo bueno que me haya sucedido recientemente y finalizo visualizando el día y cómo quiero sentirme. Seguidamente, salgo a hacer deporte durante una hora.

Hay días en que no salen las cosas como las había planeado, surgen desafíos, cambios e imprevistos, pero en estos pequeños desajustes también se encuentra la posibilidad de resetear y de volver a crear tu día.

10.ª PIEZA

Vive el presente

Vivimos a una velocidad de vértigo, y en las grandes ciudades, donde las prisas parece que forman parte del mobiliario urbano, aún más.

Hemos adoptado tantas costumbres y tantas rutinas que vamos por la vida sobreviviendo, pero pocas veces nos permitimos el lujo de **VIVIR.** Nuestros movimientos están tan automatizados que muchas veces no somos conscientes de cómo hemos llegado a casa, no sabemos dónde hemos aparcado el coche, no nos hemos fijado en la cara del quiosquero de al lado de la oficina... Numerosos detalles nos pasan inadvertidos y parece que avanzamos como si una agenda nos guiara, de tal modo que no podemos disfrutar ni de nosotros mismos ni del **momento presente.**

Hace unos días, me dirigía al gimnasio a hacer mi rutina de entrenamiento. Como todas las mañanas, entré en el coche, conecté la radio —la misma emisora— y comencé a conducir hacia mi destino. Como siempre, iba pensando en lo que tenía que hacer, en un sinfín de asuntos que me preocupaban, mientras «discutía» con los tertulianos que hablaban por la radio. Es decir, hice lo mismo que hago todos los días. Hasta el extremo de que no me di cuenta de que debía buscar un sitio diferente para aparcar el coche porque la calle del gimnasio estaba en obras.

Al instante vi un hueco y frené en seco. «Cris, vas como una loca», me dije. Después de aparcar me di cuenta de que aún tenía unos minutos antes de entrar en el gimnasio. Me di media vuelta y vi una tienda de decoración mexicana con un cartel en la puerta que explicaba que se habían trasladado a otra calle. Me acerqué a la tienda y caí en que no me había fijado que llevaba ahí un montón de tiempo. Daba la casualidad de que en ese momento buscaba una cerámica exótica para decorar una vitrina, y pensé que era eso lo que me había hecho pararme en esa calle y fijarme en la tienda.

Me pregunté: «¿Desde cuándo está esta tienda aquí? ¿Cómo es posible que no la haya visto antes?». La respuesta estaba clara: voy como una loca y no presto atención.

Estamos tan acelerados que somos incapaces de concentrarnos en una sola acción. Nos hemos convertido en personas multitarea: caminamos escuchando música, oyendo las noticias, mirando el móvil y pensando en veinte mil cosas a la vez. Estamos en casa con la familia y los aparatos tecnológicos se han convertido en una prolongación de nuestra mano.

Seguro que mientras escribes en el ordenador, estás pendiente de lo que se publica en las redes sociales o del sonido del WhatsApp que te dice que varios grupos de contactos te han enviado un mensaje al que parece que estás obligado a contestar *ipso facto*.

Nos hemos acostumbrado a la inmediatez y tolerar la espera se ha convertido en una misión imposible. Cambiar los planes porque el día ha amanecido lluvioso o porque ha surgido un imprevisto nos parece que va a chafarnos todos nuestros planes, lo que para más de uno puede suponer un verdadero trauma.

La dinámica en la que hemos entrado nos dice que tenemos que ser previsores, pues lo contrario es un signo de inmadurez e incluso de locura. Si no organizamos las vacaciones con dos meses de antelación, tendremos un problema de difícil solución, y no reservar mesa en un restaurante dos semanas antes significa que no podrás cenar con tus amigos en el restaurante de moda.

Así andamos, y lo peor es que creemos que es la única manera de vivir. Pero nada más lejos de la realidad. En el último año y medio hemos visto que no tenemos el control de todo y que, aunque tendamos a organizarlo todo, de un instante a otro la vida puede dar un giro de ciento ochenta grados y trastocar nuestros planes.

La mente siempre intenta escapar del presente, ocultándolo con sucesos y emociones del pasado y que anticipan el futuro. Sin embargo, si valoras, vives y aceptas el momento actual, te convertirás en una persona más libre.

*El **presente es lo único que tenemos** y que podemos vivir con absoluta certeza. Lo demás nos condiciona en nuestro día a día y nos frena a la hora de hallar nuestra felicidad.*

¿Después de lo que hemos pasado vamos a seguir siendo igual de cafres? ¿No nos hemos enterado aún de que esta «normalidad» es antinatural? Si no espabilamos ahora, ¿qué tiene que suceder para que tomemos conciencia?

No solo tenemos la oportunidad, sino que es una obligación vivir y exprimir el presente. ¿Cómo podemos comenzar a hacerlo? Con pequeñas acciones que sean fáciles de llevar a la práctica.

Hace unos meses, un cliente me habló de su necesidad de entrenar el «estar en el momento presente». Le resultaba muy difícil por su trabajo y por su manera de ver la vida, ya que sentía que debía programarlo y organizarlo todo.

Era consciente de que arrastraba importantes lastres del pasado, por lo que desde la neurociencia trabajamos en crear nuevas redes neuronales que le permitieran liberarse. Sin embargo, su perfeccionismo y su necesidad de control le llevaban a anticiparse a los hechos con la idea de que así se preparaba para lo que pudiera venir.

Le propuse un ejercicio que en un primer momento puede resultar cómico, pero, si se hace con constancia y *determinación, permite centrarte en el **aquí y el ahora.** Se trata de verbalizar internamente todo lo que haces desde que te levantas por la mañana, como si una orden interna te fuera explicando cada acción, cada pensamiento y cada sentimiento.*

Te propongo que a partir de ahora hagas lo mismo:

1. *Me despierto. Me cuesta abrir los ojos. Salgo de la cama apoyando primero el pie izquierdo. Estiro los músculos.*
2. *Me dirijo al baño, enciendo la luz, me miro al espejo, me lavo las manos y la cara. Siento el agua fría. Abro un poco el grifo del agua caliente...*
3. *Voy a la ducha, dejo correr el agua y compruebo la temperatura. Entro en la ducha y siento cómo cae el agua por mi cuerpo...*
4. *Me dirijo a la cocina. Me preparo un café y enciendo el teléfono móvil. También la radio...*

De este modo serás consciente de la situación presente y del instante, y eso te ayudará a fijar la atención en todo lo que, por lo general, te pasa inadvertido.

Si ampliamos esta técnica al mundo de la alimentación, nos encontraremos con el *mindful eating,* dirigido a que tomemos conciencia de lo que comemos, cuándo y cómo lo hacemos; es decir, a centrar nuestra atención en una de las facetas de nuestra vida que más se ve afectada por nuestra forma apresurada de vivir.

¿Eres de los que comes mientras trabajas o miras el móvil o la televisión? Estamos acostumbrados a estar rodeados de tanto ruido que parece que tenemos que llenar todos los momentos del día con distracciones. Por eso nos cuesta tanto centrarnos en una sola acción y disfrutar del momento.

El *mindful eating* se conecta con el *mindfulness*, una filosofía procedente del budismo que se basa en la capacidad de vivir en el presente.

¿Cómo podemos hacerlo? En el caso de la alimentación, te propongo que sigas los siguientes pasos:

1. **Cuando vayas a comer, pregúntate si verdaderamente tienes hambre.** Recuerda que la acción de comer nace del hambre. Un ejemplo claro lo tenemos en los bebés, que lloran y piden el biberón o el pecho cuando tienen necesidad de comer. A medida que crecemos adoptamos costumbres que no son correctas y muchas veces comemos sin tener hambre, porque estamos aburridos, nerviosos, ansiosos... Es decir, comemos más por **hambre emocional** que por **hambre física.**

2. **Cuando vayas a comer, siéntate.** En muchas ocasiones, sobre todo en las ciudades grandes, comemos de cualquier manera y en muy poco

tiempo. Por tanto, y siempre que sea posible, siéntate a la mesa para comer, pues ese simple gesto te permitirá tomar más conciencia de los alimentos que ingieres.

3. Entre bocado y bocado **deja los cubiertos encima de la mesa.** Las prisas y la ansiedad hacen que engullamos en vez de comer. Si dejamos los cubiertos encima de la mesa o del plato mientras masticamos no solo comeremos más despacio, sino que podremos observar cómo reacciona nuestro cuerpo mientras comemos, y también después.

4. **Observa cada bocado,** la textura y temperatura de los alimentos, su sabor. Presta atención a tu forma de masticar y a las sensaciones que tienes cuando tragas.

5. **Dedica al menos veinte minutos a la comida.** Cuanto más despacio comas, más conciencia tomarás de la acción y antes te saciarás.

6. **Come en platos pequeños** y no te levantes de la mesa con la sensación de haberte llenado. Divide la comida en trozos pequeños y quédate con un poco de hambre cuando acabes de comer.

En esta nueva manera de aprender a estar en el presente, la herramienta de la **MEDITACIÓN** desempeña un papel fundamental. Es cierto que la meditación se ha puesto de moda en los últimos años, y es lógico, porque se trata de una práctica muy beneficiosa que aporta bienestar y felicidad.

En la lengua tibetana, *meditar* significa «conocer». Como bien señala el investigador Joe Dispenza, «el proceso meditativo consiste en dejar el hábito de ser el mismo de siempre y reinventarse. Desprenderse de la mente antigua y crear una nueva». Es decir, vivir y atender el presente y tomar conciencia de todas nuestras posibilidades.

Yo no soy experta en meditación, todavía me queda mucho por aprender. Me inicié hace algo más de un año y medio bajo la dirección del venerable Lobsang Zopa, a quien conocí en un curso de formación sobre «Neurociencia para *coaches*». Hace unos meses, Zopa explicaba en qué consiste el proceso de meditación de la siguiente manera:

> *La meditación está relacionada con la mente. Es la que nos ayuda a potenciar nuestra mente, a comprenderla y a adiestrarla. Nuestra mente es la que está involucrada directamente en nuestras acciones diarias y, por tanto, debe estar bien. Desarrollar nuestro potencial es desarrollar nuestros sentimientos e identificar nuestras emociones, potenciar la atención, elevar el nivel de conciencia. La meditación nos permite mirarnos hacia dentro y conocernos mejor.*

Lobsang Zopa también señala que hay diferentes tipos de meditación, que responden a diferentes motivaciones, aunque todas se engloban en dos grandes grupos: la **meditación de emplazamiento** y la **meditación analítica.**

Yo siempre he realizado la meditación de calma mental, centrando mi atención en la respiración, que hace que disminuyan las perturbaciones mentales y que el diálogo interno se detenga. De este modo se crea un espacio que permite tomar conciencia del tipo de pensamientos que nos inundan.

Antes de seguir avanzando, es importante saber que el cerebro tiene una naturaleza electromagnética; es decir, cuando las células nerviosas se activan, se intercambian cargas eléctricas.

Se ha descubierto que existen diferentes frecuencias de ondas cerebrales (muy altas y muy bajas). Durante los primeros años de vida, las ondas cerebrales trabajan en una frecuencia más lenta. Es a partir de los cinco años cuando las ondas aumentan su frecuencia y comienza a formarse la ***mente analítica.***

En el siguiente esquema verás los distintos tipos de **frecuencia** que se producen en nuestro cerebro:

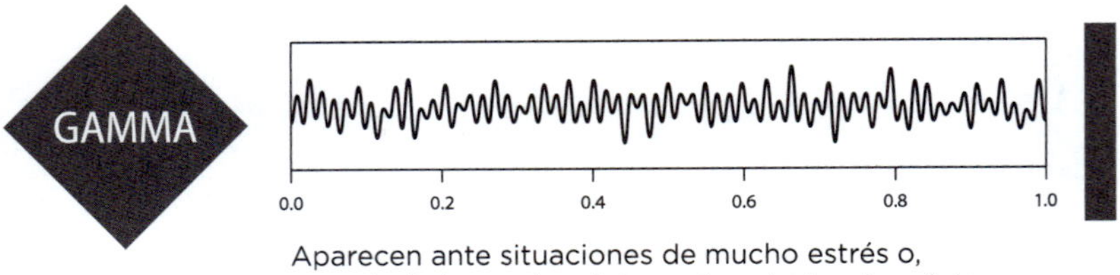

Aparecen ante situaciones de mucho estrés o, a partir de las ondas alpha, ante estados de máxima concentración. Actividad sincronizada y superior de muchos grupos neuronales.

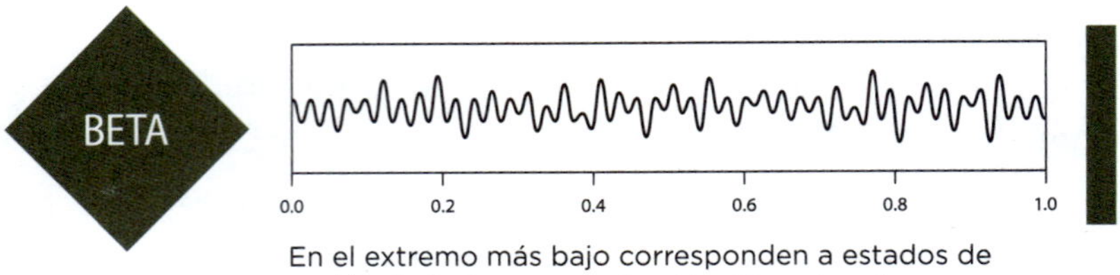

En el extremo más bajo corresponden a estados de acción, trabajo y concentración. Cuando suben se produce más excitación y actividad mental. Mente alerta enfocada al mundo exterior. Potencian el estrés.

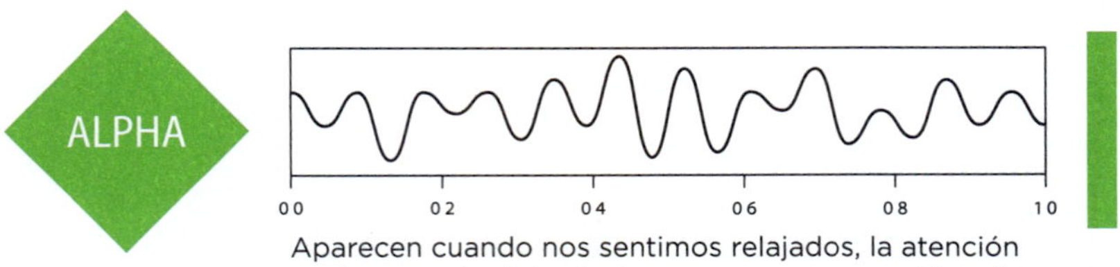

Aparecen cuando nos sentimos relajados, la atención se desconecta del exterior y se conecta con el interior. Mente tranquila y clara. Meditación y visualización.

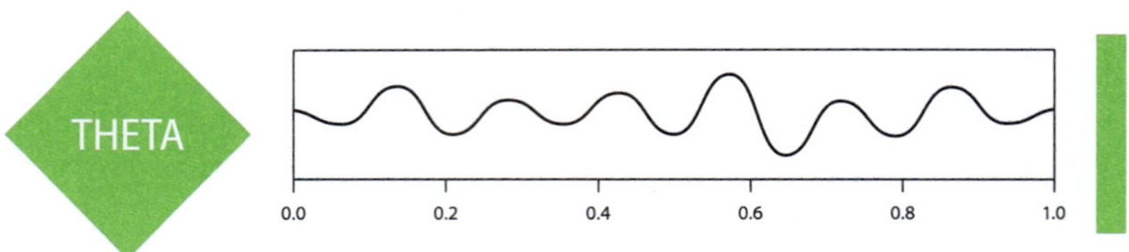

Del sueño superficial al sueño profundo. Pueden ser «buenas» (curación, imaginación espontánea, sueños, meditación, relax físico y mental) o «malas» (reactividad emocional, cognitiva, viejos traumas del pasado).

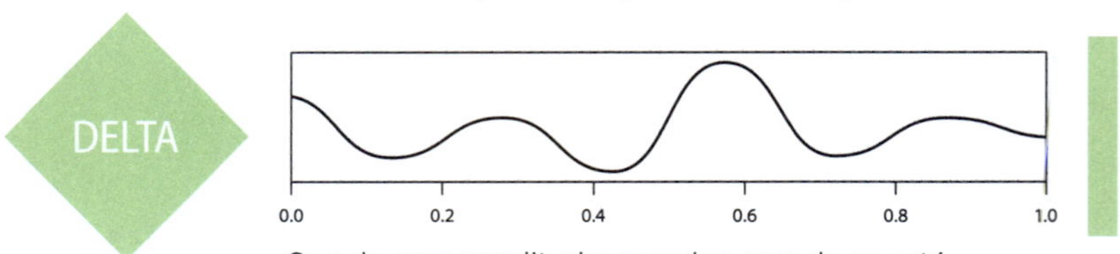

Son de gran amplitud y suceden cuando se está dormido sin soñar (sueño profundo). Pleno rendimiento de partes más profundas del cerebro.

1. **ONDAS DELTA.** Desde que nacemos hasta los dos años, nuestro cerebro funciona con ondas de menor frecuencia. En los adultos, estas ondas se producen durante el sueño profundo. En esta etapa, los niños no juzgan ni cuestionan lo que ocurre ni la información que reciben.

2. **ONDAS THETA.** Se producen de los dos a los cinco años, que es cuando los pequeños están más conectados con su mundo interior. Muestran poco pensamiento crítico y aceptan todo lo que se les dice. Cualquier pensamiento compartido por los adultos tendrá una gran fuerza y creará una importante creencia. Por ejemplo: «No vayas descalzo, que vas a coger frío», «Los niños no lloran», «Las niñas buenas se portan siempre bien»... Estas frases van directamente al subconsciente. En los adultos, esta frecuencia se da cuando estamos medio dormidos, que es cuando somos más «programables».

3. **ONDAS ALFA.** Se producen desde los cinco a los ocho años, que es cuando comienza a formarse la mente analítica y se empiezan a extraer conclusiones. En los adultos, cuando se producen estas ondas solemos fijarnos más en el interior, es decir, es cuando analizamos, porque el cerebro se encuentra en un estado meditativo.

4. **ONDAS BETA.** Esta frecuencia comienza a producirse de los ocho a los doce años en adelante, que es cuando la actividad cerebral comienza a mostrar su frecuencia más alta. Es la frecuencia propia de la mente analítica. Después de los doce años, la puerta entre la mente consciente y la inconsciente suele cerrarse. En los adultos, cuando el cerebro se encuentra en esta frecuencia estará procesando la información e intentará crear un significado tanto del mundo exterior como del interior.

5. **ONDAS GAMMA.** Es la frecuencia más rápida, que es la que se produce con procesos mentales elevados, como la felicidad, la compasión y una mayor atención.

Por tanto, a partir de los siete años se forma la mente analítica, compuesta por una mente consciente (5 %) y una inconsciente (95 %). El objetivo de la meditación es ir más allá de la mente consciente y abrir la puerta de la inconsciente.

Cuando meditamos entramos en nuestro inconsciente, lo que permite interpretar el mundo, reconocer condicionamientos y tomar decisiones, ya que tenemos una mente más clara y desaparece la relación que mantenemos con las emociones destructivas.

A propósito de la **meditación,** cuando he hablado de este asunto con algunas personas, suelo encontrarme con frases como: «Yo no puedo, me pongo nervioso» o «Yo no soy capaz de dejar la mente en blanco». He de reconocer que al principio yo pensaba lo mismo, pero, como bien me decía el venerable Lobsang Zopa, «todo el mundo puede meditar, porque meditar es tomar conciencia del pensamiento que aparece y dejarlo marchar, no quedarse enganchado a él».

Si te animas a practicar la meditación, te aconsejo que busques un buen guía-maestro que te acompañe, sobre todo si estás en una situación de mucho estrés y ansiedad. En internet puedes encontrar a varios con facilidad. Yo recomiendo al venerable Zopa y a Paz Calap, dos maestros que te enseñarán y te acompañarán en este importante proceso de descubrimiento personal.

Una de las preguntas más habituales que me hacen cuando hablo de este asunto es el tiempo que debemos dedicar a meditar. A mí me gusta hacerlo a primera hora de la mañana, sobre las seis y media, aunque sé que hay muy buenas prácticas de meditación para hacer por la noche, antes de acostarse, porque ayudan a conciliar el sueño. Sea cual sea la hora que elijas, lo importante es que no tengas prisa por acabar.

Comienza meditando cinco minutos, y alárgalo según te vayas sintiendo más cómodo/a. Debes tener los ojos entreabiertos, pero te aconsejo que primero los cierres. Puedes sentarte en una silla, en el sofá, en el suelo sobre una alfombra o una esterilla... Lo importante es que tengas la espalda recta, que respires despacio y que poco a poco comiences a observarte siguiendo los pasos que el guía-maestro te vaya indicando.

¿Qué puedes hacer si te cuesta vivir el presente?

1. **Ten paciencia.** Entiende que tu cerebro irá por la ruta preestablecida y es normal que te quedes enganchado/a a tu pasado y te adelantes a tu futuro. No te fustigues ni te castigues.

2. **Lleva una agenda.** Cuando escribimos las cosas, se nos quedan mucho mejor. Cada vez que tengas un

pensamiento sobre una situación que no es del aquí y del ahora que te perturba, hazte estas preguntas:

- ¿Se trata de una situación del pasado o del futuro?
- ¿Puedo hacer algo, o me está advirtiendo de algo?
    - » Si la respuesta es «SÍ», ponte con ello.
    - » Si la respuesta es «NO» y la situación tiene que ver con tu pasado, quédate con un aprendizaje y rompe ese papel. Ya no está en el presente y no le vas a dar el poder de amargarte el día.
    - » Si la respuesta es «NO» y la situación tiene que ver con el futuro, escríbelo en el apartado de «asuntos de los que ahora no me puedo ocupar». Quizá puedas prestarle atención en otro momento, pero **AQUÍ Y AHORA, NO.**

***Tu momento es ahora.
No lo dudes.***

11.ª PIEZA

Crea relaciones sanas

Las personas que me seguís y que habéis leído mis libros anteriores ya sabéis que dos veces al año hago «limpieza energética». Pongo la casa patas arriba y selecciono aquellas cosas que quiero dar a otros y las separo de las que llevaré al punto limpio y de las que tiraré directamente porque no se pueden reutilizar.

Pues bien, este hábito también lo llevo a la práctica con las personas que me rodean. Y no me malinterpretéis, ni las doy, ni las llevo al punto limpio, ni las tiro a la basura. Ni siquiera lo hago dos veces al año. Lo que hago desde hace un par de años es seleccionar con quién quiero compartir mi vida y con quién no.

Creo que la vida está para disfrutarla y compartirla con quien de verdad te *importa,* y evitar así sofocones y decepciones cuando alguien no responde como esperábamos.

Llevo un montón de años apareciendo en televisión, y no te puedes imaginar la cantidad de personas a las que he conocido. Algunas llegaron para quedarse; otras han estado solo de paso; otras buscaban un beneficio que no encontraron y a otras tan solo les serví mientras me necesitaron. Tengo cuarenta y seis años y he decidido no llevarme más chascos.

Para mí, una **relación sana** es aquella en la que das y recibes, es decir, en la que hay equilibrio, en la que se suma por ambas partes. Una relación sana es aquella en la que aceptas lo que no te gusta de la otra persona porque sus cosas buenas compensan. Es aquella en la que no hace falta decir nada porque solo con mirarte a los ojos te entiendes. Es aquella que te permite dejar el ego a un lado y respetar los silencios. Es aquella en la que no te sientes en deuda, y tampoco la otra persona. Es aquella en la que uno y otro aceptan la diversidad. Es aquella en la que, ante una llamada de auxilio, se actúa con honestidad. Es aquella en la que, después de meses o incluso años sin verse, cuando se produce el reencuentro, parece que no ha pasado el tiempo. Es aquella en la que las dos personas se alegran de sus logros respectivos y se entristecen por las pérdidas. Es aquella en la que no cuesta nada pedir perdón, aún menos dar las gracias.

Por desgracia, según pasa el tiempo, te vas dando cuenta de que hay pocas personas que respondan a esa descripción. Cuando eres consciente de esta realidad, el alma se te rompe, porque has dado todo lo que tenías y, sin embargo, esa persona no está cuando la has necesitado. Ese dolor es inmenso, pero es necesario para dejar de vivir en la ignorancia.

En ocasiones, casi sin que nos demos cuenta, como un goteo incesante, esa relación, que no suma, sino que resta, hace que nos vayamos empequeñeciendo. Desaparece la seguridad, la autoestima, el valor... Hemos depositado toda la confianza en esa otra persona que nos hace vivir en un «¡ay!» constante solo porque tememos perderla.

¿Cómo creamos relaciones sanas? Solo conseguiremos mantener relaciones sanas con los demás si las tenemos con nosotros mismos.

Si tu relación contigo mismo, con tu interior, no funciona, tus relaciones con los demás serán siempre desde la carencia, porque esperarás de los demás que te den lo que a ti te falta. Por tanto, **solo cuando comiences a quererte y a cuidarte de verdad,** dejarás de luchar y vivirás de manera más suave y amable.

El ya mencionado Luis Bueno insiste en lo importante que es «relacionarnos con humanidad, paso previo para ser buenas personas», para lo cual es imprescindible aceptar que todos nos equivocamos.

En muchas ocasiones nos ponemos el traje de juez y lo llevamos a todas partes. Estamos pendientes de nuestros fallos, por los que nos fustigamos, y de los fallos de los demás. Examinamos al milímetro lo que no hicieron y que esperábamos que hicieran, y lo que hicieron y no nos gustó. Dejamos ese error guardado en nuestro corazón y nuestra mente, como un mensaje que nos recuerda una y otra vez que esa persona no es de fiar. Y vivimos pendientes, examinando, observando si se vuelven a equivocar y poniendo una cruz junto a su nombre cada vez que sus actos confirman nuestras sospechas.

Pues bien, esta forma de actuar no sirve para crear relaciones sanas, que deben estar basadas en el equilibrio y en la asertividad. En el equilibrio porque, por un lado, en ese flujo que se produce entre nosotros y nuestro entorno debe verse compensado lo que damos y lo que recibimos, para que ninguna de las dos partes se sienta en deuda. Y, por otro, porque necesitamos pedir lo que necesitamos y expresar lo que sentimos cuando no lo recibimos. Si la otra persona de verdad vale la pena, lo haremos con libertad.

¿Cómo sabemos si estamos en equilibrio? Averiguando y reconociendo si damos lo que la otra parte necesita y si recibimos lo que necesitamos de la otra parte. Las relaciones que funcionan y que son sanas se asientan en este intercambio, que no está basado en la cantidad, sino en la calidad. Nos relacionamos para compartir y para recibir lo que precisamos en cada momento y dar lo que los demás necesitan. Así nos nutrimos y nos complementamos. Esta ley no escrita, que es la base de las buenas relaciones, se extiende a la que mantenemos con nuestra pareja, nuestros amigos, el trabajo, los vecinos, los compañeros... Siempre damos y recibimos con un fin.

Cuando una de las partes siente que da más de lo que recibe se produce el desequilibrio. Entonces pueden ocurrir dos cosas:

1. Que seamos conscientes de lo que sucede y que la relación se rompa.
2. Que sigamos viviendo en la carencia, con la sensación de que no somos merecedores y con la carga de pensar que somos los únicos que tenemos que dar a los demás.

Por todo ello es importante que evalúes cómo son tus relaciones con tu entorno. Te propongo este ejercicio:

QUÉ NECESITO DE MI RELACIÓN CON:	QUÉ ME ESTÁ DANDO MI RELACIÓN CON:

Fíjate no solo en lo que das, sino en el intercambio que debería existir en ese tipo de relación. Te pongo un ejemplo con el ámbito laboral.

QUÉ NECESITO DE MI RELACIÓN CON:	QUÉ ME ESTÁ DANDO MI RELACIÓN CON:
Reconocimiento	
Aprendizaje	
Sueldo (poner una cantidad)	
Proyección	
Tareas monótonas (o dinamismo)	
Responsabilidad	
Fines de semana libres (o trabajar	
los fines de semana)	

QUÉ NECESITO DE MI RELACIÓN CON:	QUÉ ME ESTÁ DANDO MI RELACIÓN CON:
Viajar	
Estabilidad (o cambios)	
Vivir en otros países	
Buen ambiente	
Trabajo en equipo	

Cuando rellenes la segunda columna verás que algunas casillas coinciden con las de la primera y que otras son directamente opuestas. Difícilmente todo lo que necesitas (primera columna) estará reflejado en lo que en realidad recibes (segunda columna), pero lo que obtienes te resultará suficiente. En ese caso el equilibrio se mantendrá.

Pero ¿qué hacemos si el equilibrio se rompe? ¿Cortamos por lo sano? Antes de que llegue la sangre al río, hay otras muchas opciones. Eso sí, lo fundamental es que en ese momento apliques la **ASERTIVIDAD.**

Según el Diccionario de la RAE, la asertividad se aplica a una «persona que defiende su opinión de manera firme». En *coaching* trabajamos la asertividad como un modelo comunicativo que se encuentra entre la pasividad y la agresividad. Consiste en ser capaz de expresar tus opiniones sin hacer daño a los demás, poniendo tus propios límites y aceptando los de los demás.

En las relaciones personales que no son sanas hay dos perfiles de personas:

1. *Las que siempre dan, incluso antes de que les pidan.*
2. *Las que siempre reciben, aunque no pidan.*

Las personas del primer grupo hacen que los demás se acostumbren a pensar que están siempre a su disposición. Siempre están disponibles y dispuestas. Son personas generosas a las que no les cuesta ofrecerse y ayudar.

Las del segundo grupo están acostumbradas a recibir sin ni siquiera pedir, y consideran que las del primer grupo no necesitan nada porque nunca las han visto flaquear. Así, entre unas y otras, se genera una relación de dependencia y en desequilibrio.

Por tanto, lo primero para mantener relaciones sanas en equilibrio es averiguar qué necesitamos de las otras personas. Una vez que lo hemos identificado y que nos hemos dado cuenta que no lo recibimos, debemos realizar las peticiones con asertividad.

- *Tengo derecho a pedir lo que quiero.*
- *Tengo derecho a tener mis propias necesidades y que estas sean tan importantes como las de los demás.*

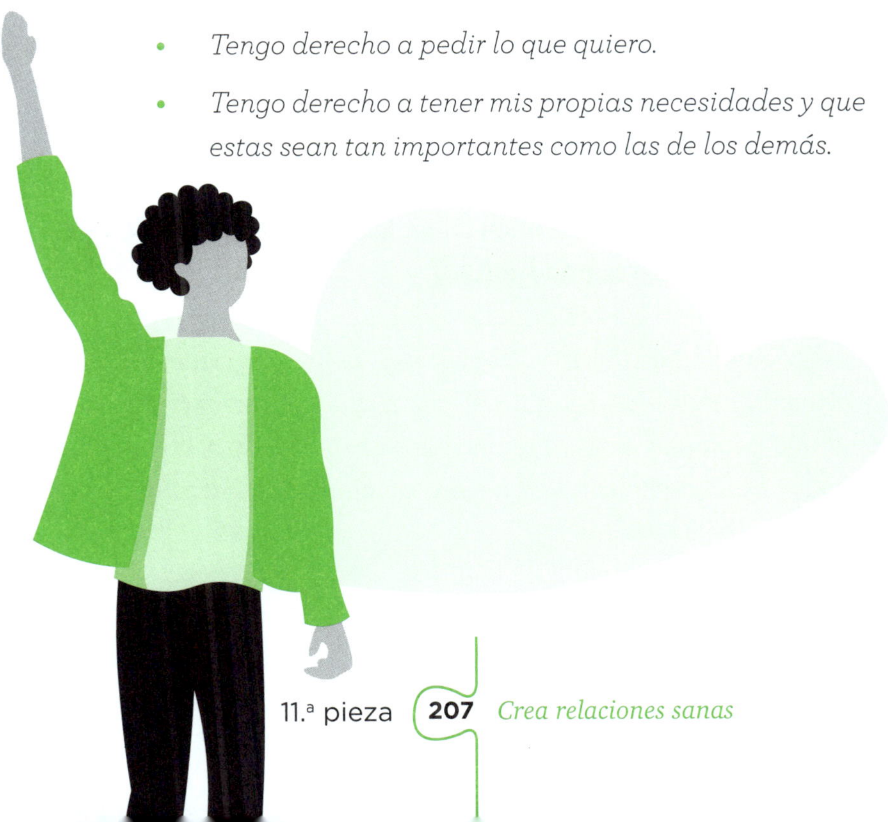

Con estos dos derechos asertivos comenzarás a equilibrar esa relación que no es sana.

QUÉ NECESITO DE:	QUÉ LE VOY A PEDIR A:
________________	________________
________________	________________
________________	________________
________________	________________
________________	________________
________________	________________
________________	________________

Que yo pida no significa que me sea dado. Porque el derecho asertivo que tengo a decir «NO» también lo tiene la otra persona. Lo más importante en este caso es **aprender a pedir** lo que necesitas, sin exigencias y hablando desde el corazón.

Otro paso importante es no anticiparnos a las peticiones de los demás. Esperar a que ellos nos pidan lo que necesitan, porque, si nos adelantamos, estaremos creando **relaciones no solo desequilibradas sino dependientes.**

Cuando te nazca el impulso de dar sin que te lo hayan solicitado, cuenta hasta diez y pregúntate: «¿Me lo ha pedido?». Una cosa es ser detallista y otra muy distinta es ser un conseguidor. Ser una persona buena y bondadosa no está reñido con esperar a que los que nos rodean verbalicen sus necesidades. Encontrar el equilibrio es la base.

Además, es importante tener en cuenta que un «NO» como respuesta no significa que no nos quieran, sino que, sencillamente, que no pueden o no quieren atender a nuestra petición, del mismo modo que nosotros podemos negarnos.

Tengo derecho a decir «NO» sin sentirme culpable.

En una relación sana, este derecho debe respetarse siempre. Nos han hecho creer que decir «NO» es señal de que no somos una buena pareja, una buena hija o una buena compañera. Y, así, atendemos los deseos y las necesidades de los demás sin poner ningún tipo de límite. Esta ausencia de asertividad acabará con la relación.

Pero ¿se puede aprender a decir «NO»? Sí, hay muchas técnicas que pueden ayudarte, aunque la que a mí más me gusta es la del disco rayado, es decir, repetir una y otra vez la respuesta que tienes pensada antes incluso de que la demanda se plantee. Por ejemplo, imagina que te piden que vayas mañana a una cena. Estás cansada, llevas toda la semana de viaje, y aunque la otra persona no para de insistirte, esta vez has decidido pensar en ti, no sucumbir al chantaje emocional y no sentirte culpable. Estás convencida de que no quieres ir y por ello has ideado una respuesta educada pero clara: «Me encantaría, pero esta semana me es imposible».

Por supuesto, la otra persona seguirá insistiendo; de hecho, tu respuesta le ha sorprendido (es la primera vez que te muestras asertiva) y cree que acabarás accediendo porque no te quieres sentir culpable. Sin embargo, tú repites la misma frase: «Me encantaría, pero esta semana me es imposible». Y así hasta que deje de pedírtelo.

Recuerda que una relación sana se basa en la empatía, en tener la capacidad de entender a la otra persona, aunque no compartas lo que piensa o lo que siente.

En demasiadas ocasiones nos olvidamos de algo fundamental: creemos que las personas que tenemos a nuestro alrededor *saben* cómo nos sentimos; es decir, las tratamos como si fueran adivinas.

Puesto que ya ha quedado claro que tienes *derecho a expresar lo que necesitas, lo que sientes y lo que piensas,* ahora tienes que hacerlo de la manera adecuada. Si la acción (o falta de ella) de una persona te ha molestado o decepcionado, díselo de manera asertiva, es decir, sin echárselo en cara, sino desde el corazón. Te sorprenderá lo rápido que se resuelven algunos conflictos.

¿Cómo lo hacemos? En lugar de decir: «Eso que hiciste (o dijiste) me ha hecho sentir culpable» o «Siempre te comportas así», dirás: «Esta situación me ha hecho sentir culpable» o «Cuando veo ese comportamiento en ti, me siento culpable». De este modo la otra persona estará abierta al diálogo y no se sentirá atacada.

Deja tu *ego* a un lado, escucha y espera. En muchas ocasiones, la persona que está contigo no necesita tu consejo o tu reprimenda, tan solo quiere que la escuches. Solo si te lo pide, dale consejo y dile lo que piensas. Si lo haces sin que te lo pida, estarás contribuyendo a que se sienta pequeña y tú te creerás en posesión de la verdad, lo que nunca es cierto.

En las relaciones no hay ni vencedores ni vencidos. Donde no hay aceptación, no hay crecimiento, no hay reconocimiento y, por supuesto, no hay amor ni respeto.

12.ª PIEZA

Agradece

Una sonrisa
es una línea curva
que lo endereza
TODO

Hace unos días, mientras esperaba en una consulta médica, vi el cartel de la página anterior. Seguro que lleva ahí muchos meses, pero en ese momento me fijé y me pareció que estaba hecho para mí.

Entonces me di cuenta de lo importante que es una sonrisa, un gesto que durante mucho tiempo ha estado oculto por la mascarilla y que no hemos podido sustituir por otros tan naturales como un abrazo o una palmada en el hombro. Tampoco se nos permitía hacerlo.

Es como si nuestras sonrisas se hubiesen desvanecido. No podíamos mostrarlas y ya ni siquiera teníamos ganas. Durante este largo año y medio de pandemia hemos sufrido demasiadas pérdidas personales, cierres de negocios, problemas para llegar a fin de mes... Y, sin embargo, nunca han faltado personas que, pese a todo, no han estado dispuestas a dejar de sonreír. A todas ellas les debemos nuestro agradecimiento.

La lista sería interminable, y seguro que tú también tienes a un buen número de personas que han estado a tu lado, personas que te han acompañado durante estos meses tan difíciles. El vecino de arriba, el portero del edificio, siempre pendiente de que todo estuviera en orden, el médico que habló contigo, el farmacéutico que te atendió con la mejor de sus sonrisas... Policías, bomberos, técnicos de laboratorio, conductores de ambulancias, de taxis, de autobuses, cajeros en los supermercados, profesores (no quiero olvidarme de nadie)..., a todos debemos darles las ¡gracias!

El **agradecimiento** es una vitamina que nos transforma, nos empodera, nos acerca y nos hace mejores personas. **Agradecer es vivir.**

Agradecer y compartir son las nuevas llaves maestras para una mayor calidad de vida. La gratitud te permite abrirte a la vida y verla desde una perspectiva menos dañina. Todos podemos hacerlo. Es cierto que en nuestra sociedad enloquecida el agradecimiento brilla por su ausencia. Preferimos quedarnos con el dolor, el rencor y el resentimiento, sin darnos cuenta de que son sentimientos que nos hacen daño.

Ahora nos sentimos raros. Una parte importante de nosotros se ha ido con la pandemia. Pero todavía nos queda la opción y la libertad de elegir la actitud que queremos adoptar ante el presente y el futuro.

Últimamente percibo más alteración, más discusiones, más enfrentamientos. Necesitamos expresar el miedo y la frustración que durante todos estos meses nos han acompañado en silencio.

Como dice mi querida amiga Estela Millán en su libro *¿Dónde estás? Manual de mindfulness. Serenidad,* «la gratitud es una de las actitudes más positivas y revitalizantes que existen». Además, y esto lo añado yo, es gratis.

Muchas veces tendemos a creer que es lógico que poseamos lo que tenemos, aunque ni siquiera hayamos peleado por ello, y damos por sentadas cosas que en realidad son un regalo. Porque las cosas no nos pertenecen; simplemente, están. Esta verdad la hemos descubierto durante los meses de encierro. De pronto nos dimos cuenta de que la libertad es mucho más valiosa de lo que pensábamos y que la salud estaba garantizada hasta determinada edad. Pues no. Nada está ahí para siempre, no todo el mundo tiene *wifi* en casa, no siempre los supermercados están abastecidos, no todo el mundo es capaz de llegar a fin de mes... Nada es eterno y nosotros no siempre tenemos el control de lo que sucede.

> *Más allá de los aspectos emocionales o materiales, si hay algo por lo que tenemos que estar agradecidos es por la oportunidad de vivir.*

Prem Rawat dice que «la gratitud es un sentimiento, no un pensamiento. No tiene que ver con los buenos modales». Si examinamos la gratitud desde el punto de vista neurocientífico, es decir, el efecto que tiene en nuestro cerebro y, por tanto, en nuestra parte emocional y física, descubrimos que hace que el miedo, la angustia y los sentimientos de rabia desaparezcan. Nuestro cerebro no es capaz de sentir gratitud e ira al mismo tiempo.

Cuando nos sentimos agradecidos se activa el sistema de recompensa del cerebro, localizado en una zona llamada **núcleo accumbens,** responsable de las sensaciones de bienestar. Por tanto, cuando el cerebro identifica que algo bueno está sucediendo y lo agradecemos, se libera dopamina y aumenta la sensación de placer.

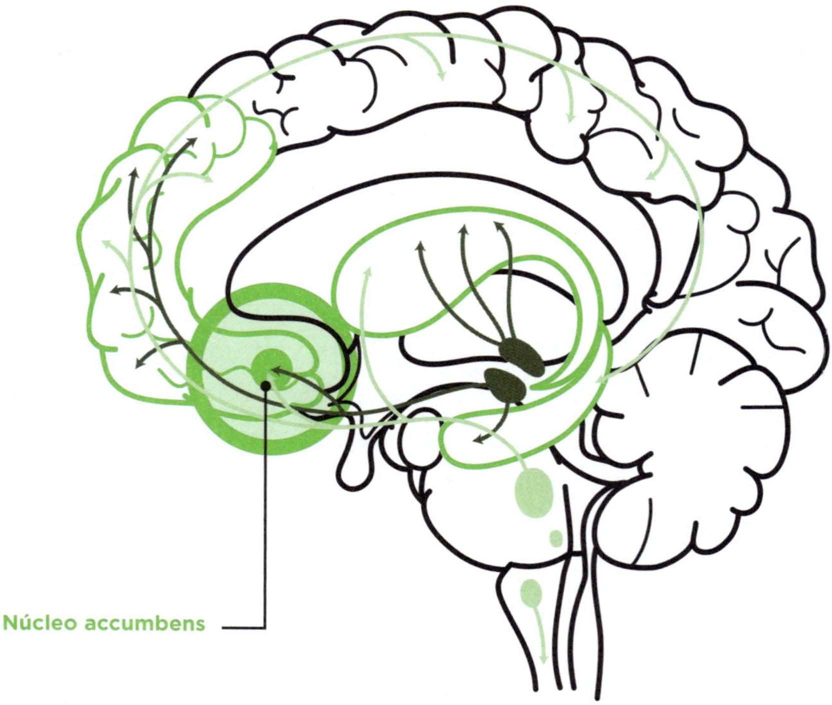

El **núcleo accumbens** pertenece a los ganglios basales. Es la región del cerebro que se encarga de clasificar las sensaciones que percibimos y nos dice si nos encontramos ante una sensación positiva o no.

Se dice que el núcleo accumbens actúa como mediador en los procesos de recompensa. Esto es así porque, cuando se produce una situación que genera placer, nuestro organismo interpreta los altos niveles de dopamina como una retribución ante un estímulo positivo. El mecanismo se pone en funcionamiento también con los estímulos negativos. La diferencia es que se crea entonces una sensación de rechazo o aversión.

El **núcleo accumbens** y la **dopamina** desempeñan un papel fundamental en la experimentación del placer y en el aprendizaje. Ayudan a almacenar información sobre los sucesos que nos ocurren constantemente, que después son guardados en nuestra memoria, teniendo la posibilidad de recordarlos y creando así el reservorio de la experiencia adquirida.

Además, la gratitud estimula la liberación de **oxitocina,** conocida como la **hormona del amor,** que estimula el afecto y reduce la ansiedad y el miedo. Por ello, las personas que sienten y manifiestan su gratitud viven en estados emocionales positivos.

La **oxitocina** es una hormona conocida como la hormona de la confianza y del amor, porque estos son los estados emocionales que induce cuando es segregada. Las mujeres la desarrollamos durante el parto y es necesaria no solo para provocar las contracciones, sino también para generar la conexión con el bebé y que este pueda sobrevivir. Interviene en el comportamiento social y en las relaciones sanas y permite que nos fijemos en los aspectos positivos de los demás.

Las investigaciones muestran que las emociones positivas son buenas para nuestro cuerpo y nuestra mente.

1. Las emociones positivas nos permiten ver **más posibilidades y asimilar más información.** Refuerzan nuestra capacidad de desarrollar aptitudes, aprender y tomar buenas decisiones.

2. Las emociones positivas **compensan las negativas.** Las personas que a menudo sienten gratitud son más felices, están menos estresadas y menos deprimidas.

3. Generalmente, **una emoción positiva lleva a otra.**

4. La gratitud puede **contribuir a las acciones positivas,** tanto en nosotros como en los demás. Cuando sientes gratitud por los gestos de amabilidad de una persona hacia ti, tú también serás más amable. Del mismo modo, si sientes agradecimiento hacia una persona y se lo muestras, habrá más posibilidades de que esa persona sea más amable contigo.

5. La gratitud **ayuda a construir mejores relaciones.** Cuando sentimos y expresamos gratitud y reconocimiento sinceros, se generan lazos cariñosos y de confianza.

6. La gratitud te ayuda a **fijar más la atención** en las cosas buenas que te suceden, de modo que tu estado de ánimo mejorará.

¿Cuándo es buen momento para comenzar a agradecer? Si te parece, **AHORA.**

No hace falta una excusa ni un suceso de consecuencias terribles. Tan solo necesitas mirar en tu interior.

Una de las herramientas que más utilizo con mis clientes es el **Diario de Agradecimiento** porque, como dice el refrán, «es de bien nacido ser agradecido». Te propongo que todos los días, antes de irte a la cama, le dediques cinco minutos.

Coge papel y lápiz y escribe una frase de agradecimiento. No te fijes en lo obvio. Es mejor prestar atención a los pequeños detalles:

- *Agradezco cada vez que mi hijo me coge de la mano y me da un beso.*
- *Agradezco cuando mi gato se coloca a mi lado y puedo sentir su respiración.*
- *Agradezco que mi vecina me sostenga la puerta cuando voy a entrar y estoy cargada de bolsas.*

También puedes dar las gracias a las personas que desaparecieron de tu vida porque te diste cuenta de que no eran buenos acompañantes:

- *Gracias a ese jefe que me echó porque me ayudó a descubrir lo que realmente quería.*

- *Gracias a esa pareja que me engañó porque me di cuenta de lo mucho que yo valía.*
- *Gracias a ese amigo que me traicionó porque dejé de vivir engañada.*

¿Y tú a quién y a qué le das las gracias?

Mientras lo piensas, compartiré contigo mi particular lista de agradecimientos (resumida):

1. *Gracias por vivir, porque sin ello lo demás no sería posible.*
2. *Gracias a mis padres, que me dieron la vida y me siguen cuidando con inmenso amor.*
3. *Gracias a mi familia, de la que estoy sumamente orgullosa. Juntos hemos demostrado que ante las adversidades nos crecemos.*
4. *Gracias a mi marido e hijos, con los que todos los días aprendo y que me recuerdan en cada momento los valores que nos mantienen en pie.*
5. *Gracias a mis amigos, que siempre están dispuestos a escuchar y que me acompañan en cada una de mis aventuras.*
6. *Gracias a mis clientes, que depositan su confianza en mi trabajo. Gracias a vosotros aprendo y sigo creciendo.*

7. *Gracias a mis jefes, con los que llevo años compartiendo experiencias y aprendizajes.*

8. *Gracias a aquellos que me critican, porque me hacen más fuerte.*

9. *Gracias por las oportunidades que tengo todos los días para seguir aprendiendo.*

10. *Gracias por todas las charlas que he mantenido durante este último año y medio.*

11. *Gracias a todos los compañeros que, sin pedir nada a cambio, me han dicho «SÍ» cuando los he llamado.*

12. *Gracias a los proyectos que nacieron y terminaron antes de lo deseado, porque son un paso más en esta experiencia de vivir.*

13. *Gracias a ti, tío Ángel, porque fuiste sumamente generoso en acogerme cuando llegué a Madrid por primera vez. Gracias por tus palabras de consuelo cuando las necesité y por las alegrías compartidas.*

14. *Y gracias a ti, querida Mila, porque me has enseñado lo que es la entereza, la valentía y tener un amor incondicional. Por los momentos y charlas compartidos y por todo lo que me diste desde el corazón.*